LA RELATION

SUR

LE TONKIN ET LA COCHINCHINE

DE Mr DE LA BISSACHÈRE

Missionnaire français

(1807)

PUBLIÉE D'APRÈS LE MANUSCRIT DES ARCHIVES DES AFFAIRES ÉTRANGÈRES
AVEC UNE INTRODUCTION ET DES NOTES

Par Charles B.-MAYBON
Docteur ès-lettres

PARIS
LIBRAIRIE ANCIENNE HONORÉ CHAMPION
ÉDOUARD CHAMPION
5, QUAI MALAQUAIS

1920

LA RELATION

SUR

LE TONKIN ET LA COCHINCHINE

DE M^r DE LA BISSACHÈRE

(1807)

LA RELATION

SUR

LE TONKIN ET LA COCHINCHINE

DE Mr DE LA BISSACHÈRE

Missionnaire français

(1807)

PUBLIÉE D'APRÈS LE MANUSCRIT DES ARCHIVES DES AFFAIRES ÉTRANGÈRES

AVEC UNE INTRODUCTION ET DES NOTES

Par Charles B.-MAYBON

Docteur ès-lettres

PARIS

LIBRAIRIE ANCIENNE HONORÉ CHAMPION

ÉDOUARD CHAMPION

5, QUAI MALAQUAIS

1920

INTRODUCTION

La relation qui est ici reproduite a connu une étrange fortune.

Rédigée sur la demande d'un officier de cavalerie, Félix Renouard de Sainte-Croix, qui rencontra le missionnaire Pierre-Jacques Lemonnier de La Bissachère à Macao en 1807[1], elle fut publiée en 1810 par cet officier qui ne lui conserva pas la forme originale sous laquelle il l'avait reçue et ne fit pas connaître le nom du véritable auteur.

En 1811 et en 1812, elle fut l'occasion d'un ouvrage du célèbre philanthrope le baron de Montyon qui, s'effaçant derrière le nom de La Bissachère, ne faisait cependant que des emprunts assez limités au texte de ce missionnaire.

Il se trouve donc que l'ouvrage qui est connu du public comme étant de La Bissachère ne contient que peu de chose de lui, tandis que ses notes sont

1. Voir ci-dessous, p. 73 (p. 1 du ms.) ; En 1807, La Bissachère arriva à Macao où se trouvait alors Renouard de Sainte-Croix. « Je priai ce monsieur, dit Sainte-Croix, de vouloir bien me faire un précis sur le Tonquin et il eut la complaisance de rédiger les notes qu'on va lire. »

entièrement reproduites, — quoique assez sérieusement modifiées, — dans un ouvrage paru sous le nom de Renouard de Sainte-Croix.

Le petit problème bibliographique qui consistait à rendre à La Bissachère ce qui était à La Bissachère a pu être résolu grâce à la présence, aux Archives des Affaires étrangères, d'un manuscrit qui contient :

1° Un avant-propos, non signé, de Renouard de Sainte-Croix (4 pages).

2° Une introduction du même, non signée (64 pages).

3e Un récit abrégé de quelques circonstances de la conquête du Tonkin par le prince annamite connu sous le nom de Gia-long, par Mr de La Bissachère (34 pages).

4° Des notions sur le Tonkin, par Mr de La Bissachère (96 pages).

5° Deux pièces jointes à ces notes par La Bissachère.

L'intérêt de la publication de ce manuscrit est triple. En premier lieu, il n'est pas sans utilité de rendre au texte de La Bissachère la forme que son rédacteur lui avait donnée. Ce texte est accompagné de notes de Renouard de Sainte-Croix qui n'ont pas trouvé place dans l'ouvrage de celui-ci. Enfin l'avant-propos et l'introduction de Renouard de Sainte-Croix sont complètement inédits et contiennent, parmi quelques erreurs, des renseignements sur l'histoire du pays d'Annam, d'autant plus précieux qu'ils proviennent de Jean-Marie Dayot, —

un des officiers français qui servit le plus efficacement le prince annamite au début de sa lutte contre les rebelles.

Une telle publication ne serait pas entièrement justifiée si elle était limitée à la reproduction du manuscrit. Une patiente comparaison de son contenu avec le texte de Montyon et avec le texte de Renouard de Sainte-Croix a permis d'indiquer dans quelle mesure chacun de ces auteurs a mis à contribution les notes du missionnaire ; les emprunts que fait Montyon à un ouvrage récemment paru au moment où il publia le sien ont aussi donné lieu à quelques remarques. Il pouvait paraître superflu, dans une publication de ce genre, — qui a pour objet principal de mettre au jour un document imparfaitement connu, — de relever toutes les erreurs historiques commises par les rédacteurs ; des références ont été cependant faites, pour quelques faits, à certains passages de notre *Histoire moderne du Pays d'Annam* ; le lecteur pourra ainsi rectifier les indications du manuscrit, s'il le juge utile. Enfin des notes biographiques et bibliographiques vont être fournies.

La présentation du manuscrit pourra paraître ainsi suffisante, — nous l'espérons du moins.

I. — L'Auteur de la Relation sur le Tonquin.

A. — *Notes biographiques*[1].

Pierre-Jacques Lemonnier de La Bissachère naquit vers 1764 dans le diocèse d'Angers. Le nom de sa paroisse natale est inconnu ; on signale seulement qu'il se trouve à Pouancé, commune de Maine-et-Loire, une propriété du nom de la Bissachère, habitée longtemps, et notamment au XVIIIe siècle, par des Lemonnier.

Il fut vicaire à Bourgueil (Indre-et-Loire) qui relevait à cette époque du diocèse d'Angers. Il entra au Séminaire des Missions-Etrangères de Paris ; il y fit un court séjour à l'issue duquel son départ pour le Tonkin fut décidé. Il s'embarqua à Lorient au mois de mars 1790 ; arrivé à destination, il fut affecté au Tonkin occidental. Bientôt le vicaire apostolique, Mgr Longer, évêque de Gortyne[2], put apprécier son zèle ; il louait son talent de prédicateur et de convertisseur.

1. Ces notes sont empruntées à la notice que M. Ad. Launay, de la Société des Missions-Etrangères, a consacrée à La Bissachère dans son *Mémorial de la Société des Missions-Etrangères* (II, p. 343); à d'autres notices, moins complètes, publiées dans les *Annales maritimes et coloniales* (1830, I, p. 451) et dans divers dictionnaires biographiques cités plus loin (art. B) ; enfin à la collection des *Nouvelles Lettres édifiantes*.

2. Longer Jacques-Benjamin, né le 31 mai 1752, au Havre, diocèse de Rouen ; ordonné le 23 septembre 1773, part de Lorient le 9 janvier 1776 ; missionnaire en Cochinchine ; nommé évêque

En 1795, au fort de la lutte entre le prince Nguyên Anh et les Tây-son[1], les chrétiens furent durement persécutés dans la région du Nghê-an qu'il habitait ; il en fut réduit à fuir de retraite en retraite pour échapper aux recherches dont il était l'objet.

En 1798, en 1799, nouvelles persécutions ; dans la province où résidait La Bissachère, toutes les églises, les maisons de prêtres et de religieuses furent pillées, puis renversées, et les matériaux furent emportés ; le village où était le collège fut saccagé de fond en comble ; les maisons de chrétiens indigènes furent détruites dans toute l'étendue de la province, les chrétiens eux-mêmes furent soumis à la torture ; les mandarins voulaient leur faire ainsi avouer où étaient les missionnaires. Mgr La Mothe, évêque de Castorie[2], poursuivi par les persécuteurs, put s'échapper en s'enfonçant dans les bois. Quant à La Bissachère, s'étant enfui au travers d'une haie, il resta d'abord, avec quelques-uns de ses serviteurs,

de Gortyne, coadjuteur au Tonkin occidental, puis vicaire apostolique ; sacré à Macao le 20 septembre 1792 ; mort le 8 février 1831 dans la province de Nam-dinh. D'ap. LAUNAY. *Mémorial de la Société des Missions-Étrangères.*

1. Il n'a pas été possible, à notre regret, d'employer les signes usités pour reproduire en caractères romains les mots de la langue annamite ; mais on les trouvera à la fin de ce volume, dans la liste des noms et des expressions annamites figurant dans le texte.

2. La Mothe Charles, né vers 1751, dans le diocèse de Sens ; part de Brest le 10 février 1782 ; missionnaire au Tonkin occidental ; provicaire en 1789 ; évêque de Castorie et coadjuteur au Tonkin occidental, sacré le 10 avril 1796 ; mort le 22 mai 1816, dans le Nghê-an. D'ap. LAUNAY, *op. cit.*

caché derrière une grosse roche, au bord de la mer, ayant de l'eau jusqu'à la ceinture ; de là, des pêcheurs chrétiens le transportèrent sur un grand rocher fort élevé, éloigné de terre d'environ huit lieues. « Je me plais ici singulièrement, écrivait-il ; j'y passerais volontiers ma vie, si telle était la volonté de Dieu. La croyance générale de ces peuples est que cette montagne appartient aux diables, et qu'ils les ont entendus plusieurs fois. J'y suis depuis bientôt quatre mois et je vous assure que j'y ai rencontré le bon Dieu, qui me fait de grandes grâces, mille fois plus qu'un pécheur comme moi ne devrait en attendre. » Il abandonna cependant ce bienheureux asile après y être demeuré sept à huit mois avec quatre de ses élèves. Il se tint « caché dans un petit village tout chrétien, mais isolé et tout entouré de villages idolâtres ; ce qui fait qu'il lui était impossible de sortir de là pour passer dans quelque autre chrétienté. Il fut dénoncé au gouverneur, qui envoya plusieurs fois des soldats pour le prendre ; mais Dieu le préserva de tomber entre leurs mains. Il avait fait creuser une fosse, dans laquelle il se renfermait quand il y avait quelque danger. Un chrétien rapportait lui avoir vu la tête toute couverte de fourmis, lorsqu'il sortait de cette retraite souterraine. Plusieurs néophytes du village où ce missionnaire était caché eurent à souffrir de cruelles tortures pour n'avoir pas voulu déclarer l'endroit où il était. Aux uns on leur brûla le doigt index jusqu'à la main[1] ;

1. Il est fait allusion à ce fait dans la relation de La Bissachère ; voir ci-dessous, p. 121 (p. 103 du ms.).

à d'autres on leur découvrit les os des jambes avec des sabres ; plusieurs eurent les mains liées avec une telle violence que le sang jaillissait. Dieu les soutint dans ces tourments : ils ne dirent rien qui pût faire découvrir le missionnaire. »

La persécution étant un peu ralentie, La Bissachère, qui était revenu dans la province du Nghê-an, rassembla autour de lui, en 1800, quelques sujets de cette province, pour leur enseigner la théologie ; mais en 1801, la crainte des espions qui rôdaient sans cesse autour du village où il était, l'obligea de renvoyer ses élèves.

Vers cette époque, les progrès des troupes royales préoccupèrent les mandarins tây-son et les chrétiens, oubliés d'eux, vécurent plus tranquilles. La capitale de Hué prise, les provinces du Sud-Annam pacifiées, Nguyên Anh commença la campagne qui devait faire passer le Tonkin sous sa loi. Lorsqu'il passa dans la province du Nghê-an, au commencement du mois de juillet 1802, Mgr de Castorie et La Bissachère allèrent le saluer ; il les admit à son audience et les traita avec distinction.

Malade en 1806, La Bissachère dut quitter le Tonkin ; il était en 1807 à Macao où il rencontra Renouard de Sainte-Croix, — il arriva au mois d'août, dit celui-ci [1]. Jean-Baptiste Chaigneau, officier français au service de Gia-long, écrivait de Hué, le 6 juin 1807, à M. Létondal, procureur des Missions-Etrangères à Macao : « M. de La Bissachère vous

1. Voir l'avant-propos de Sainte-Croix, p. 73 (p. 1 du ms.).

racontera en détail l'état actuel de la Cochinchine [1]. » Cette phrase permet de confirmer le renseignement de Sainte-Croix sur l'époque où le missionnaire se trouvait à Macao et, par une coïncidence étrange, donne à l'avance le titre de l'ouvrage qui sera publié à Paris en 1812 sous le nom de La Bissachère : *Etat actuel du Tunkin, de la Cochinchine*, etc.

On n'indique pas exactement à quel moment La Bissachère arriva en Europe ; on dit seulement qu'il débarqua en Angleterre en 1808. Il y demeura assez longtemps, — six ou sept ans, — vivant à Londres et à Oxburg ; il songea, paraît-il, à fonder une congrégation, mais, d'après M. Ad. Launay qui rapporte ce bruit, son désir n'eut pas de suite [2]. Il éprouva, semble-t-il, de grandes difficultés à trouver des moyens d'existence et ce serait pour se créer des ressources que, sur le conseil de quelques personnes, il aurait projeté de publier les notes écrites pour Sainte-Croix. C'est à cette occasion qu'il entra en relations avec le baron Antoine de Montyon, — on peut du moins le supposer sans grands risques d'erreur. Le baron qui avait passé en Suisse dès le début de la Révolution, était en effet installé en Angleterre depuis plusieurs années lorsque La Bissachère y arriva ; il était devenu membre de la Société Royale de Londres et s'occupait d'études

1. Cadière, *Documents* (le titre complet est cité à l'article B de ce titre I), p. 59.

2. « Il résida assez longtemps en Angleterre et se mit à la tête d'une congrégation », dit le rédacteur de la notice des *Annales maritimes et coloniales*.

littéraires, politiques et philosophiques ; il ne quitta l'Angleterre qu'au moment de la Restauration et suivit Louis XVIII quand il rentra en France. On imagine que, fort curieux comme on l'était à son époque; des mœurs et des usages des pays lointains, il fut heureux de trouver en La Bissachère un voyageur bien informé, de le faire parler de ce qu'il avait vu, appris et souffert au Tonkin durant les seize ou dix-sept années qu'il y avait vécu. D'après un des biographes de La Bissachère[1], le missionnaire aurait confié à Montyon le soin de rédiger ses notes, car il était embarrassé de faire ce travail lui-même. Mais il aurait mal placé sa confiance. « Le célèbre philantrophe, à ce qu'il parait, n'agit pas en cette circonstance avec la générosité qu'on a tant louée dans son testament ; non seulement il apporta dans son travail des changements et des intercalations peu convenables, mais il garda pour lui le prix intégral qu'il avait reçu de l'éditeur et ne donna au pauvre prêtre que quelques exemplaires. » Nous ne sommes pas en mesure de déterminer avec exactitude ce qu'il peut y avoir de vrai dans cette accusation ; de toutes façons, il est certain que Montyon eut connaissance des notes de La Bissachère et l'on verra plus loin comment il en mit en œuvre le contenu.

La Bissachère ne retourna en France qu'en 1815, député à Paris par la mission de Cochinchine ; il

1. *Nouvelle biographie...* (Firmin Didot frères). L'article relatif à La Bissachère est signé K.

exerça ses fonctions jusqu'au 21 juillet 1817, date à laquelle il fut reçu directeur du Séminaire.

Richelieu, ministre des Affaires étrangères et président du Conseil des ministres, le consulta en cette même année ainsi que Richenet, procureur de la mission lazariste de Pékin, — car il se préoccupait d'étendre le commerce de la France dans la mer de Chine. La Bissachère lui fournit des informations sur les pays qu'il avait habités et notamment sur la Cochinchine.

Au séminaire, il fut, par trois fois consécutives, élu assistant au supérieur, en 1820, en 1823, en 1826. Il y mourut le 1er mars 1830 après une longue maladie qui l'avait rendu aveugle et perclus de tous les membres.

B. — *Notes bio-bibliographiques.*

Il est question de La Bissachère ou de sa relation dans les ouvrages dont la liste suit[1] :

RENOUARD DE SAINTE-CROIX. *Voyage commercial*

1. Reproduite d'après Ad. LAUNAY *(op. cit.)*. Quelques additions de minime importance y ont été faites : des références à trois pages des *Nouvelles Lettres édifiantes* (édit. Le Clère, Paris, 1823) qui avaient échappé à l'attention de M. Ad. Launay (tome VIII, p. 20, 22, 72) ; la notice des *Annales maritimes et coloniales*, le compte-rendu de l'*Edinburgh Review* ; des références à la *Bibliographie annamite* de BARBIÉ DU BOCAGE et à la *Bibliotheca Indosinica* de M. H. CORDIER ; aux *Documents relatifs à l'époque de Gia-long*, par L. CADIÈRE, de la Société des Missions-Etrangères ; des références aux *Supercheries littéraires dévoilées* et à la *France littéraire* de QUÉRARD ; à un

et politique aux Indes Orientales, Avant-propos, p. viij ; t. III, p. 221.

Exposé statistique du Tunkin, Introduction, p. 7.

Etat actuel du Tunkin [1], Avis de l'Editeur ; Introduction, p. 9, 10.

Edinburgh Review, octobre 1813-janvier 1814, p. 348-360 [2].

Moniteur universel, 1812, n° 37, p. 145.

H. P. — *Cochin-China*. Extrait du *Calcutta Journal*, january 1823, réimprimé dans *Notices of the Indian Archipelago and adjacent countries*, by J. H. Moor ; Singapore, 1837 ; p. 231.

Nouvelles des Missions Orientales, reçues au séminaire des Missions-Etrangères, 1793-1796, p. 11 ; 1794-1807 ; p. 85, 90, 92, 118, 162.

Nouvelles Lettres édifiantes des Missions de la

article du *Calcutta Journal* ; à un ouvrage de M. Faure sur l'évêque d'Adran ; à l'ouvrage de Crawfurd sur sa mission en Cochinchine ; à trois dictionnaires biographiques ; à une étude de M. Cl.-E. Maitre sur Pigneau de Behaine ; à un article de Charles-B. Maybon dans la *Revue de l'histoire des Colonies françaises* ; à l'ouvrage de Renouard de Sainte-Croix, à l'Introduction de M. de Montyon, à l'Avis de l'éditeur, Galignani. De ces trois derniers lieux, des extraits seront faits ci-après, II, articles A et B,

1. Les titres complets de cet ouvrage et des deux précédents sont donnés *infra*, au titre II de cette Introduction, art. A p. 19 pour le premier, art. B pp. 35 et 40 pour les deux autres.

2. L'auteur de ce compte rendu regrette la partie prépondérante prise par le *rédacteur* (en français dans le texte) qui donne le résultat des observations de La Bissachère et non ces observations mêmes ; il exprime le souhait de voir publier les papiers de La Bissachère sous leur forme originale. Il était peut-être au courant des infidélités du « rédacteur ».

Chine et des Indes Orientales ; VII, p. 205, 209, 266, 276 suiv. ; VIII, p. 14, 20, 22, 50, 70, 72, 87.

Annales de la Propagation de la Foi, I, 1822-1825, nº VI, p. 30 ; II, 1826-1827, p. 162.

Annales maritimes et coloniales, 1830, I, p. 451.

Estratto delle lettere originali scritte in idioma francese dai Vicarj apostolici, missionnarj della Cina, Tunkino, Cochinchina etc. sullo stato di quelli missioni, t. II (Roma 1806) ; p. 2 ; p. 75.

Breve Notizie sullo Stato della Cattolica religione nella Cina, Tunkino, Cochinchina... compilato d'all abate Settimio Costanzi, D. S. T... Societa agraria, Ivrea (vers 1806), in-8 ; p. 26.

Ami de la Religion et du Roi, Journal ecclésiastique, politique et littéraire ; Le Clere, Paris, in-8, 1823, p. 367.

John Crawfurd. *Journal of an Embassy from the Governour General of India to the Courts of Siam and Cochin-China*. Londres, 1828, p. 526.

Quérard. *Les Supercheries littéraires dévoilées*, II, col. 478.

La France Littéraire, VI, p. 275, 327.

F. K. de Feller. *Dictionnaire historique ou Biographie universelle des hommes qui se sont fait un nom*... 1837, s. v. Monthyon.

Biographie universelle ou Dictionnaire historique... par une Société de Gens de Lettres, 1833, s. v. Montyon.

Les Contemporains, s. v. Montyon, nº 493, p. 12.

La Cochinchine et le Tonkin, p. 202, 207.

*Nouvelle Biographie générale depuis les temps les

plus reculés jusqu'à nos jours... (Firmin Didot frères), XXVIII, p. 371.

V.-A. Barbié du Bocage. *Bibliographie annamite. Livres, Recueils périodiques, Manuscrits, Plans*, 1867; nos 39, 40; p. 7.

Henri Cordier. *Bibliotheca Indosinica. Dictionnaire bibliographique des ouvrages relatifs à la péninsule indochinoise*, 1912; I, col. 997-998.

Louvet. *La Cochinchine religieuse*, I, p. 469.

Lettre à l'Evêque de Langres, p. 239, 301.

Vie de M. l'abbé Buisson, p. 103.

Adrien Launay. *Histoire générale de la Société des Missions-Etrangères*, voir à l'Index du t. III.

— *Mémorial de la Société des Missions-Etrangères*; 1re partie, p. 50; 2e partie, p. 343.

Alexis Faure. *Les Français en Cochinchine au dix-huitième siècle. Mgr Pigneau de Behaine, évêque d'Adran.* Paris, 1891, p. 216.

Henri Cordier. *La Reprise des Relations de la France avec l'Annam sous la Restauration. T'oung-pao*, 1903, p. 289.

Cl.-E. Maitre. *Documents sur Pigneau de Béhaine, Revue Indochinoise*, 1913, 2e sem., p. 344-347.

L. Cadière. *Documents relatifs à l'époque de Gia-long. Bulletin de l'Ecole française d'Extrême-Orient*, 1912, no 7, p. 56, 59.

Charles B.-Maybon. *Nguyên Anh, Empereur et Fondateur de dynastie, Gia-long* (1802-1820). *Revue de l'Histoire des Colonies françaises*, 1919; Extr., p. 34 et 82.

II. — La publication de la Relation de La Bissachère.

A. — *Renouard de Sainte-Croix et son ouvrage.*

Après la signature de la paix d'Amiens (27 mars 1802), qui rendait à la France les colonies occupées ou acquises par les Anglais au cours de la guerre, une expédition fut envoyée en Extrême-Orient. Elle était commandée par le général Decaen qui, avec le titre de capitaine-général des établissements français à l'Est du cap de Bonne-Espérance, était chargé de la reprise de possession. Le général partit de Brest le 4 mars 1803 avec un état-major considérable, des chefs militaires et civils, des troupes et tout un personnel administratif au complet.

L'expédition comprenait un vaisseau, le *Marengo*, trois frégates, l'*Atalante*, la *Belle-Poule*, la *Sémillante*, un brick, le *Bélier*, et deux transports, la *Côte-d'Or* et la *Marie-Française*. A bord de la *Sémillante* se trouvait Félix Renouard de Sainte-Croix, ancien officier de cavalerie.

Sainte-Croix, arrivé à Pondichéry au mois de juillet 1803, fit un séjour d'un an environ dans l'Inde, partit pour les Philippines où il fut chargé par le gouverneur-général d'organiser la défense des îles, passa à Macao à la fin de l'année 1806, visita Canton, s'informa partout des ressources des pays traversés, étudiant avec intérêt les choses et les gens.

En 1810, il publia un ouvrage dans lequel il résumait, sous forme de lettres à des amis (il y en a quatre-vingts dans les trois volumes), toutes les données acquises au cours de son long voyage de cinq années. Le titre de l'ouvrage décrit fort suffisamment son contenu. Le voici :

VOYAGE
COMMERCIAL ET POLITIQUE
AUX
INDES ORIENTALES,
AUX ILES PHILIPPINES, A LA CHINE,
AVEC
DES NOTIONS SUR LA COCHINCHINE
ET LE TONQUIN,
PENDANT LES ANNÉES 1803, 1804, 1805, 1806 & 1807.

Contenant des Observations et des Renseignemens, tant sur les Productions territoriales et industrielles que sur le Commerce de ces pays ; des Tableaux d'importations et d'exportations du commerce d'Europe en Chine, depuis 1804 jusqu'en 1807 ; des Remarques sur les Mœurs, les Coutumes, le Gouvernement, les Lois, les Idiômes, les Religions, etc. ; un Apperçu des moyens à employer pour affranchir ces contrées de la puissance anglaise.

Par M. Félix RENOUARD DE SAINTE-CROIX,

Ancien Officier de cavalerie au service de France, chargé par le Gouverneur des îles Philippines de l'organisation des troupes pour la défense de ces îles.

Cet ouvrage est accompagné de Cartes géographiques de l'Inde et de la Chine, par MM. MENTELLE, Membre de l'Institut, et CHANLAIRE, l'un des Auteurs de l'Atlas national.

PARIS
AUX ARCHIVES DU DROIT FRANÇAIS
Chez CLAMENT Frères, Libraires-Éditeurs, rue de l'Echelle, N° 3, au Carrousel.
DE L'IMPRIMERIE DE CRAPELET
1810

La dernière lettre du troisième volume intitulée *Notions préliminaires sur la Cochinchine et le Tonkin* (p. 221-289) est la seule qui ait trait aux pays annamites et elle reproduit assez fidèlement quant à l'ensemble, les notes que La Bissachère avait remises au voyageur. Des changements portent sur la forme même de la rédaction, des corrections en général assez heureuses étant apportées au texte du missionnaire. Mais les plus importants sont ceux qui, par une distribution nouvelle des matières, ont donné à la relation originale un aspect tout différent de celui qu'elle avait en sortant de la plume de La Bissachère ; et l'on doit reconnaître que l'effort de Sainte-Croix est demeuré assez vain. Ses tentatives pour réunir en chapitres des fragments ayant quelques rapports entre eux n'ont donné qu'une unité factice à la relation qui ne paraît pas pour cela moins décousue ; mieux aurait valu lui laisser son apparence primitive de simples notes juxtaposées sans plan préconçu que de lui infliger un ordre artificiel, et de tracer des cadres dans lesquels se trouvent encore, en dépit des excellentes intentions du rédacteur, bien des éléments disparates. Les notes dont le texte de La Bissachère est accompagné dans la publication que nous faisons du manuscrit des Archives des Affaires étrangères, suffiront à montrer le travail de marqueterie auquel s'est livré assez inutilement Renouard de Sainte-Croix. Il peut paraître intéressant de rapprocher la table des matières du manuscrit et le sommaire des chapitres de Sainte-Croix pour souligner encore les différences apportées dans la présentation des notions fournies par le missionnaire.

1° *Table des matières du manuscrit*[1].

1. Se trouve à la suite du ms., p. 188-189. La pagination indiquée entre parenthèses est celle du ms.

2° *Sommaire de la Relation dans l'ouvrage de Renouard de Sainte-Croix.*

LETTRE LXXX

Notions préliminaires sur la Cochinchine et le Tonquin.

La lettre débute par une sorte d'introduction écrite par Sainte-Croix et datée : Touran, le 25 décembre 1807 [1]. (P. 221-227).

NOTIONS
SUR LA COCHINCHINE ET LE TONKIN

CHAPITRE PREMIER. — *Des noms de la ville capitale et du pays. Gouvernement chinois qui donne l'investiture ; manière dont elle se fait. Trois familles se succèdent ; défaite des troupes chinoises* (p. 227-232).

CHAPITRE II. — *Invasion de la Cochinchine par le jeune prince. Fuite du roi Tay-Son* (p. 232-235).

CHAPITRE III. — *Femme héroïque, dont le courage rétablit les affaires des Tay-Son. Trahison qui les ruine entièrement* (p. 236-240).

CHAPITRE IV. — *Usage que l'empereur Gia-Long*

1. C'est par un artifice que Sainte-Croix date sa lettre de Tourane. Il ne fit dans ce port qu'une courte relâche à son voyage de retour ; il ne s'y était même pas arrêté en se rendant aux Philippines (voir Lettre XXXIII, vol. I, p. 298) ; le nom de Tourane, en tête de sa lettre, n'indique donc pas qu'il ait du pays une expérience personnelle.

fait de sa victoire. Commencement d'oppression (p. 241-245).

CHAPITRE V. — *Supplices des prisonniers* (p. 245-250).

CHAPITRE VI. — *Conduite de Gia-Long, oppression du peuple* (p. 250-253).

CHAPITRE VII. — *Du Gouvernement et des Lois du pays* (p. 253-259).

CHAPITRE VIII. — *Population, division des habitants en classes ; des impôts ; manière de les lever* (p. 259-264).

CHAPITRE IX. — *Religion, culte, superstitions, génies tutélaires, etc.* (p. 264-271).

CHAPITRE X. — *Mœurs et usages du Tonquin* (p. 272-279).

CHAPITRE XI. — *Du sol, de ses productions* (p. 279-285).

CHAPITRE XII. — *De la Langue et des Arts du Tonquin* (p. 286-289).

Sainte-Croix, bien qu'il ne cite pas le nom du missionnaire de qui il tient ses renseignements sur la Cochinchine et le Tonkin, ne songe pas le moins du monde, malgré le léger artifice par lequel il date sa *Lettre* de Tourane, à tromper le lecteur. Dans l'Avant-propos de son ouvrage, après avoir dit que les pays où il a recueilli le plus de faits, sont la côte de Coromandel, les îles Philippines et la Chine, il n'hésite pas à écrire au sujet de la Cochinchine :

« Une relâche de peu de temps dans le royaume de

la Cochinchine n'aurait pu sans doute me mettre au fait de ce qui s'est passé dans ce pays, si je n'avais pas eu recours au zèle éclairé d'un missionnaire, qu'un long séjour dans ces contrées peu connues a instruit de beaucoup de faits particuliers à ce royaume. C'est à ce missionnaire que je dois les renseignemens dont je m'empresse de faire part au public. Je n'ai pas cru devoir rien changer au style simple de sa diction, dont il eût été peu convenable que je lui enlevasse le mérite (car c'en est un dans ce genre de naration), en donnant comme de moi un travail dont il doit rester l'unique auteur [1]. »

Non content de cette déclaration, il la renouvelle dans le volume troisième, au cours de la petite introduction qu'il a faite aux Notions sur la Cochinchine et le Tonkin et, s'il ne publie pas encore le nom de l'auteur, il donne cependant les indications assez complètes pour qu'il soit permis de le découvrir [2].

« Après vous avoir parlé de l'Inde, des Philippines et de la Chine, je dois vous entretenir des dernières révolutions survenues à la Cochinchine et au Ton-

1. Avant-propos, p. viij.

2. Ce sont même ces indications qui nous ont mis, voilà plusieurs années déjà, sur la voie de la solution du problème. Certains rapports étroits entre le livre publié sous le nom de La Bissachère et le récit de voyage de John Barrow, paru en 1806, avaient éveillé déjà notre attention. L'honnêteté de Renouard de Sainte-Croix a confirmé des soupçons qui commençaient à naître ; il est à regretter toutefois que l'officier ne soit pas allé jusqu'à donner en toutes lettres le nom du missionnaire.

quin : je vais vous donner sur ces deux pays des renseignemens certains, et vous apprendrez avec plaisir que c'est en quelque façon à la France que le nouveau roi doit toute sa puissance. Une relâche de peu d'instans dans les parages de la Cochinchine n'aurait pu me mettre au fait de tout ce qui s'est passé d'intéressant dans ce pays. J'ai cru devoir m'en rapporter au zèle éclairé d'un missionnaire, M. de la B***, qui a vécu dix-huit ans dans cette contrée. Témoin des faits qu'il raconte, et des mœurs qu'il décrit, qui pouvait mieux que lui parler d'une région dont les vaisseaux de l'Europe n'ont encore reconnu que les côtes ? Attiré dans ces contrées par son zèle pour la propagation du christianisme, il y fut retenu pendant un grand nombre d'années. Aussi est-ce son ouvrage que vous lirez, et non pas le mien ; sous ces deux rapports, vous ne pourrez qu'y gagner [1]...

« Ces éclaircissemens une fois donnés, je vous laisse avec l'ouvrage de l'honnête missionnaire qui vous fera connaître les dernières révolutions, et les mœurs de cette partie du monde que je n'ai fait qu'entrevoir [2]. »

1. Vol. III, p. 221-222.

2. *Ibid.*, p. 226-227. Noter que dans le manuscrit des Affaires étrangères, le ton de Sainte-Croix n'est pas aussi plein de déférence à l'égard de « l'honnête missionnaire ». Il ne se prive pas quelquefois de discuter les informations de La Bissachère et d'y substituer les siennes propres ; d'autre part, dans quelques notes ajoutées au texte — et non reproduites dans l'imprimé — il s'élève contre la crédulité du missionnaire.

Avant de quitter Renouard de Sainte-Croix, il ne paraît pas inutile de donner quelques renseignements sur ses rapports avec Jean-Marie Dayot et de fournir sur celui-ci, ainsi que sur ses cartes des côtes cochinchinoises, quelques informations nécessaires à la clarté de ce qu'on lit dans le manuscrit des Affaires étrangères.

Jean-Marie Dayot était d'origine bretonne ; il appartenait à une famille de Redon qui s'était fixée à l'Ile de France [1] et dont plusieurs membres furent employés de la Compagnie des Indes. Il avait des liens de parenté avec Joseph-François Charpentier de Cossigny, né lui-même dans l'Ile-de-France et qui fut commandant à Pondichéry de 1785 à 1787.

En 1786, commandant de la polacre (ou polaque, petit bâtiment à deux mâts), l'*Adélaïde*, armée à l'Ile de France pour aller prendre à Pointe-de-Galles et à Mascate du salpêtre et des épices, il fut pris par des pirates mahrattes. Après de nombreuses réclamations de l'armateur restées infructueuses, Dayot vint à Pondichéry faire une démarche auprès du général de Conway, alors commandant en Inde, et le prier d'intervenir auprès de la Régence mahratte et d'obtenir réparation. Peut-être Dayot rencontra-t-il alors l'évêque d'Adran, Mgr Pigneau de Behaine, arrivé de France à Pondichéry au mois de mai 1788 ; peut-être l'avait-il déjà connu, soit précédemment à

1. Quelques-uns des renseignements biographiques qui suivent sont empruntés d'une notice sur Dayot, publiée par Alf. Brissaud dans les *Annales maritimes et coloniales*, XCVIII (juil.-sept. 1888), p. 519.

Pondichéry même, soit lors d'une des relâches de l'évêque à l'Ile de France. Sans qu'il soit possible de déterminer de façon précise comment des rapports s'établirent entre les deux personnages ni à quel moment Dayot fut engagé au service du prince annamite, il semble bien que le marin commandait l'une des corvettes qui escortaient la frégate la *Méduse* en 1789, au moment du retour de Pigneau de Behaine en Cochinchine. Dayot fut l'un des auxiliaires les plus actifs de Nguyên Anh. On verra dans le récit de Sainte-Croix quelques détails sur le rôle qu'il joua pendant six années environ de séjour en Cochinchine, ravitaillant l'armée royale, formant une marine, dirigeant des arsenaux ; il prit part aussi aux opérations militaires, notamment à la destruction de la flotte des rebelles dans le port de Quinhon en 1792 [1]. Il avait fait venir auprès de lui son frère Félix, dont il est aussi question dans le récit de Sainte-Croix et dont l'évêque d'Adran parlait en ces termes : « ce jeune homme a des talents, paraît avoir de la conduite, aime le travail et a le caractère doux et honnête. »

Renouard de Sainte-Croix conte à la suite de quel fait Dayot quitta le service du prince [2], mais sans indiquer l'époque de son départ. Nous la connaissons grâce à une lettre du missionnaire Le Labousse adressée de Saigon au Procureur des Missions-

1. Voir dans notre *Histoire moderne du Pays d'Annam*, chapitre VIII, § 2, le récit de la bataille de Qui-nhon en 1792.

2. Ci-dessous, p. 30 et suiv. du ms.

Etrangères à Macao, le 22 juin 1795 : « Vous allez voir arriver à Macao, M. Olivier avec M. Dayot, qui doit s'enfuir de son vaisseau quand il sera rendu au port Saint-Jacques. Cette fuite coûtera probablement bien cher au service du roi [1]. » Le fils de Chaigneau confirme l'époque et la cause du départ : « M. Dayot qui commandait le navire le *Cuivre* et un autre bâtiment, avait quitté ce commandement dès 1795, ayant eu à se plaindre des mauvais procédés des mandarins cochinchinois [2]. »

Lorsque les frères Dayot quittèrent la Cochinchine, ils se rendirent à Manille où ils se livrèrent au commerce. On apprend par une lettre de Vannier que Félix s'intéressa aux transactions annuelles qui se faisaient entre les Philippines et Acapulco, ce port du Mexique où les Espagnols avaient concentré le commerce des Indes Orientales [3]. Les deux frères vécurent de longues années aux Philippines, mais Gia-long n'était pas sans regretter leurs services et désirait fort qu'ils revinssent en Cochinchine. Sainte-Croix le dit, non sans quelque exagération sans doute, mais le fait d'un voyage de Jean-Marie Dayot qu'il

1. Lettre publiée par L. Cadière, *Documents*, p. 35.

2. Michel-Duc Chaigneau, *Souvenirs de Hué*, p. 18. Alf. Brissaud, dans sa notice, s'exprime à peu près dans les mêmes termes.

3. Cadière, *ibid.*, p. 73. On sait que tous les ans un galion chargé de produits manufacturés et d'argent mexicain était envoyé aux Philippines, d'où il revenait avec une cargaison de soie et de denrées d'Extrême-Orient. Voir dans Renouard de Sainte-Croix, *Voyage commercial et politique*, une lettre intéressante sur ce commerce ; II, Lettre LVII, p. 357-378.

raconte [1] est confirmé par une lettre de Mgr Labartette qui donne bien d'autres détails [2] ; il paraît superflu de les reproduire ici. A partir de 1804, date de ce voyage, il est fort possible que Dayot, ou son frère Félix, en fit d'autres, mais l'information que fournit Sainte-Croix au sujet de l'accueil parfait qu'il trouva toujours auprès de Gia-long est nettement contredite ; d'après une lettre du missionnaire Audemar, il devint odieux à Gia-long à qui l'on rapporta qu'il était un agent des Anglais [3].

Sainte-Croix cite dans une note le *Pilote cochinchinois* de Dayot [4] et dit aussi que les deux frères dressèrent, en suivant l'armée, le plan des côtes de Cochinchine [5]. Il faut fournir à ce sujet quelques explications.

Pendant leurs courses répétées tout au long des rivages annamites, non seulement « en suivant l'armée », mais encore au cours de leurs opérations de ravitaillement, les frères Dayot se livrèrent à un travail qui leur fait grand honneur : le levé des plans hydrographiques des côtes et des ports. C'est Renouard de Sainte-Croix lui-même qui porta en France

1. Pages 38-41 du ms.

2. Cadière, *ibid.*, p. 57-58. Il y aurait eu quelque rapport entre ce voyage de Dayot et la mission de Roberts en 1804. Voir p. 59-68 du ms. et la note qui se rapporte à la mission de Roberts.

3. *Ibid.*, p. 58, note. Remarquer que Sainte-Croix avait déjà quitté l'Extrême-Orient à la date où Audemar écrivait sa lettre (6 juin 1808).

4. P. 182 du ms.

5. P. 26 du ms.

le mémoire et les cartes de Dayot. Dans une lettre que celui-ci écrit de Macao le 15 novembre 1807, c'est-à-dire sans doute peu de temps après que Sainte-Croix eût quitté la ville, on peut lire ces lignes curieuses : « Mes faibles talents ne me permettent pas d'aspirer au titre de correspondant d'un corps aussi savant (l'Institut), mais si j'étais assez heureux pour qu'on voulût agréer l'hommage du fruit de mes travaux, je pourrais envoyer des observations intéressantes sur des sujets que me fournirait ce pays pour ainsi dire inconnu et qui seraient toujours intéressants par leur objet s'ils ne pouvaient l'être par mes faibles lumières. Au reste, mon cher de Sainte-Croix, je suis bien persuadé d'avance des soins que vous me donnerez ; ils seront empressés et délicats. Je vous confie le fruit d'un travail assez rude de six années, tout ce que vous ferez sera bien fait et si les circonstances s'opposaient à ce que votre amitié vous dictera de faire pour moi et au désir que j'ai d'être utile à ma patrie, rien ne pourra diminuer ma reconnaissance ni altérer les sentiments que je vous ai voués pour la vie [1]. »

Sainte-Croix remit fidèlement le dépôt dont il était chargé [2]. Le gouvernement décida d'offrir à

1. Lettre publiée d'après l'autographe signé des Archives de la Marine et des Colonies par H. Cordier, *La France et l'Angleterre en Indo-Chine*, T'oung-pao, 1903, p. 221.

2. Voir, au même lieu, p. 222 et suiv., la lettre par laquelle le ministre des Affaires étrangères rend compte à l'Empereur de la visite de Sainte-Croix ; on y trouvera quelques détails et quelques appréciations sur le travail de Dayot.

Dayot, en 1820, un cercle astronomique ; mais la récompense vint trop tard, Dayot était mort depuis 1809. Il n'eut pas non plus la satisfaction de voir ses cartes publiées par le Dépôt de la Marine, en 1818, ni de connaître l'appréciation élogieuse qu'en faisait Abel Rémusat : « ...On sait aussi que plusieurs autres individus de notre nation ont également occupé des charges importantes à la cour des rois de Siam et de Cochinchine et c'est même à l'un de ces derniers, feu M. Dayot, qu'on doit le magnifique atlas de la Cochinchine gravé par ordre du roi en 1818 et qui est sans contredit un des plus beaux monuments qu'on ait élevés à la science géographique dans des pays si éloignés de l'Europe... Le littoral de la Cochinchine est aussi bien et peut-être mieux connu que certaines côtes de l'Europe, depuis la publication du magnifique travail de M. Dayot [1]. »

Ce travail fut utilisé par J. Horsburgh, successeur (en 1810) de Dalrymple en qualité d'historiographe de la Compagnie des Indes, qui s'en servit pour la rédaction de ses *Directions for sailing to and from the East Indies, China, New-Holland...* [2] En 1817, lorsque le capitaine de vaisseau Achille de Kergariou fut envoyé dans les mers de Chine pour y faire

1. Abel Rémusat, *Mélanges asiatiques*, 1825, p. 74, 79.

2. Londres, 1809-1811. Voir, dans les *Annales maritimes et coloniales* (t. XXV, 1825, p. 86, 125), les observations nautiques d'Horsburgh : positions de divers points de la côte de Camboge ; côte de la Cochinchine depuis le cap Padaran jusqu'au cap Turon...

flotter le pavillon royal [1], l'atlas de Dayot lui fut confiée à charge de le retourner au Dépôt de la Marine en revenant de sa campagne. Cet atlas, tel qu'il était alors composé et tel qu'il se trouve encore au Dépôt des Cartes et Plans de la Marine [2], portait le titre : *Le Pilote de Cochinchine.* Dans une lettre du 28 mars 1818 au ministre de la Marine, Kergariou disait : « J'ai parcouru tous les ports de la Cochinchine et dans cette navigation épineuse, j'ai eu l'occasion de vérifier, à rebours, presque tout le travail de Monsieur Dayot. Je ne saurais donner assez d'éloges à l'exactitude surtout avec laquelle les terres sont jetées sur ses plans [3]. »

B. — *Le baron Antoine de Montyon et la Relation de La Bissachère.*

Il serait superflu de donner ici une biographie du philanthrope bien connu. Contentons-nous de signaler que ses biographes indiquent, parmi la liste de ses écrits, *l'Exposé statistique* ou *l'Etat actuel du Tunkin, de la Cochinchine*, et fournissons sur cet ouvrage les renseignements bibliographiques néces-

1. Voir le journal de Kergariou publié en 1914 par M. P. de Joinville, *La Mission de la « Cybèle » en Extrême-Orient.*

2. Portefeuille 180, division 2, pièce 7 (P. de Joinville).

3. H. Cordier, *Bordeaux et la Cochinchine sous la Restauration*, T'oung-pao, 1908, p. 211. Voir aussi, *La Mission de la « Cybèle »*, p. 152 ; on peut se rendre compte, en lisant le journal de Kergariou, jusqu'à quel point lui furent utiles les renseignements de Dayot.

saires à l'étude que nous faisons des notes de La Bissachère.

L'ouvrage de Renouard de Sainte-Croix, publié à Paris en 1810, était probablement connu de Montyon lorsqu'il composait le sien.

Faut-il voir dans cette circonstance une explication du fait que Montyon n'a pas voulu tirer des notes du missionnaire tout le bénéfice qu'il en pouvait naturellement recueillir ? on ne sait, mais il est dans tous les cas important de remarquer que son ouvrage n'a vu le jour qu'un an après celui de Sainte-Croix.

En 1811, en effet, paraissait en deux volumes in-8[1], l'ouvrage dont le titre suit :

1. 364 p. + 2 p. (errata) ; 168 p. + 1 p. (er.) ; carte.

EXPOSÉ STATISTIQUE

DU

TUNKIN,

DE LA

COCHINCHINE, DU CAMBOGE, DU TSIAMPA, DU LAOS, DU LAC-THO

Par M. M—N.

SUR LA RELATION DE M. DE LA BISSACHERE
MISSIONNAIRE DANS LE TUNKIN,

LONDRES :

De l'Imprimerie de Vogel et Schulze, 13, Poland Street;

SE VEND CHEZ MM. DULAU ET C°, SOHO SQUARE; DEBOFFE, NASSAU STREET; L. DECONCHY, NEW BOND STREET; N. L. PANNIER, LEICESTER PLACE, LEICESTER SQUARE; ET CHEZ TOUS LES PRINCIPAUX LIBRAIRES DU ROYAUME UNI.

MDCCCXI

Dès l'année suivante, l'ouvrage paraissait à Paris, sous un titre légèrement différent, — mais, chose digne de remarque, sans la mention « par M. de M—N » et avec un seul nom d'auteur, celui de La Bissachère. Il est extrêmement vraisemblable cependant, — et le fait apparaîtra clairement à la suite de cette introduction et par les notes jointes au texte du manuscrit — que La Bissachère n'a pas rédigé l'ouvrage.

Comme il vivait à Londres à ce moment et que Montyon y vivait aussi, on pourrait supposer entre eux une collaboration étroite d'où le texte de l'*Exposé statistique* serait sorti ; mais, dans ce cas, l'existence d'un seul nom au titre de l'ouvrage ne serait pas justifié. Quant à l'hypothèse que La Bissachère seul aurait écrit l'*Exposé statistique* ou sa doublure de Paris — et alors la mention « par M. de M—N » sur l'ouvrage de Londres serait irrégulière et trompeuse, — il ne serait pas sage sans doute de s'y arrêter. Le style du missionnaire, que nous connaissons soit par les notes sur le Tonkin, soit par ses lettres, n'a pas l'aisance ni la distinction du style de l'*Exposé statistique* ; on ne saurait s'y tromper. Et l'on est autorisé à affirmer tout au moins que si La Bissachère est le rédacteur des notes reproduites dans le manuscrit des Archives des Affaires étrangères, ou même des Notions préliminaires publiées par Sainte-Croix, — très supérieures aux notes quant à la forme, — il n'est pas l'auteur de l'*Exposé statistique*.

En fait, il y a de grandes chances pour que Montyon ait composé et rédigé l'*Exposé statistique* ; — composé en mettant en œuvre non seulement les notes de La Bissachère, mais de multiples renseignements puisés soit dans l'ouvrage récent de John Barrow [1], soit même dans des ouvrages généraux, ouvrages géographiques à tendances philosophiques dans le goût du temps, ainsi qu'on peut s'en rendre compte à la seule inspection de sa table des matières ; — rédigé, car Montyon a publié d'autres ouvrages [2]

1. John BARROW, *A Voyage to Cochinchina in the years* 1792 *and* 1793 : *containing a general view of the valuable productions and the political importance of this flourishing Kingdom* ; *and also of such European settlements as were visited on the voyage* ; *with sketchs of the Manners, Character and Condition of their several inhabitants, to which is annexed an Account of a Journey made in the years* 1801 *and* 1802 *to the Residence of the Chief of the Booshuana nation*... Illustrated and embellished with several engravings by Medland, couloured after the original drawings by Mr. Alexander and Mr. Daniell. London : Printed for T. Cadell and W. Davies in the Strand. Londres, 1806, in-4. Dédié à Sir George Thomas Staunton. — Traduit en français : *Voyage à la Cochinchine par les îles de Madère, de Ténériffe et du Cap Verd, le Brésil et l'Ile de Java, contenant des renseignemens nouveaux et authentiques sur l'Etat naturel et civil de ces divers Pays*... traduit de l'anglais avec des notes et additions par MALTE-BRUN, avec un atlas de 18 planches gravées... Paris, 1807, in-8, 2 vol.

Barrow indique ainsi les sources où il a puisé pour rédiger ses chapitres sur la Cochinchine : renseignements fournis par Barisy, par un secrétaire chinois du gouvernement annamite (1793), par deux Anglais qui furent à Saigon en 1799 et 1800 ; — ou trouvés dans les relations des missionnaires « who have resided here » (p. 271), en fait dans les *Nouvelles des Missions Orïentales*, reçues au Séminaire des Missions-Etrangères et publiées en 1785, 1787, 1789, 1794 et 1797.

2. Voici quelques titres : *Eloge du Chancelier Michel de l'Hôpital*, 1787 ; *Influence de la découverte de l'Amérique sur*

et l'on y reconnaît sa manière, facilité de développement, disposition à généraliser, manie de la digression, période oratoire et toutes ces qualités et ces défauts enfin qui feraient croire volontiers qu'il a entrepris de donner une suite à un discours sur l'histoire universelle. Enfin, et ce dernier argument est peut-être celui qui a le plus de poids, La Bissachère n'aurait pas toléré sans doute que parussent sous son nom les méprises et les bévues que Montyon accumule et dont quelques-unes seront relevées ; il connaissait assez le Tonkin pour ne pas commettre de flagrantes erreurs de faits et il était, — rien n'autorise à croire le contraire, — assez doué de simple honnêteté pour ne point vouloir tromper son lecteur, surtout à une époque où le récit de voyage avait des amateurs si nombreux.

Ces réflexions faites, passons au titre de l'exemplaire de l'ouvrage paru à Paris, mais notons auparavant l'étrange mention qui s'y étale : « traduit d'après les relations originales de ce voyageur ! » Si le texte était en anglais ou en tout autre langue que le français, la mention serait explicable ; mais pour le texte français d'un auteur français !... Sans

l'Europe, couronné par l'Académie française en 1792 ; *Rapport fait à S. M. Louis XVIII* (sur les principes de la monarchie française, contre le livre intitulé : *Tableau de l'Europe*, par M. de Calonne) ; publié à Constance, réimprimé à Londres, chez Dulau et Cie, 1796 ; *Examen de la Constitution de la France en* 1799 *et Comparaison avec la Constitution monarchique de cet Etat* ; Londres, Dulau et Cie, 1801. Remarquons que ces derniers ouvrages, publiés à Londres, l'ont été par la même maison que l'*Exposé statistique*.

supposer que l'éditeur veuille donner à croire que La Bissachère a écrit son ouvrage en annamite, on se demande s'il n'y a pas là œuvre de mystificateur et si l'éditeur n'avait point l'intention de dérouter le lecteur. Constatons en tout cas qu'il est bien difficile de résoudre les problèmes soulevés par cette publication[1].

1. Deux vol. in-8, 325 et 342 p. Le succès de l'ouvrage fut très grand. Dès 1813, une édition allemande en était publiée dont voici le titre : *Gegenwartiger Zustand von Tunkin, Cochinchina und der Königreiche Camboja, Laos und Lac-tho. Von* DE LA BISSACHERE. *Nach dem Franzosischen, herausgegeben und mit Anmerkungen versehen von* E. A. W. v. ZIMMERMANN, Weimar, im Verlage des H. S. privil. Landes-Industries-Comptoirs, 1813 ; in-8, XII + 446 p.

ÉTAT ACTUEL
DU TUNKIN,
DE LA COCHINCHINE
ET DES ROYAUMES
DE CAMBOGE, LAOS ET LAC-THO

PAR M. DE LA BISSACHÈRE,
Missionnaire qui a résidé 18 ans dans ces contrées ;

TRADUIT D'APRÈS LES RELATIONS ORIGINALES
DE CE VOYAGEUR

PARIS

A la Librairie française et étrangère de GALIGNANI,
rue Vivienne, n° 17

—

1812

Un extrait de l'Introduction de M. de Montyon paraît mériter d'être reproduit, non seulement parce qu'on y pourra voir comme un exemple — ou un échantillon — de son style, mais surtout parce qu'il est intéressant de savoir ce qu'il dit de La Bissachère.

« Le Tunkin et la Cochinchine, après de longues et funestes dissensions, après avoir subi tous les désastres qu'entraînent les révolutions et les guerres intestines, viennent de prendre de la consistance et de la stabilité. Leur souverain formé par le malheur, cette grande école des hommes, s'est montré le plus grand général, le plus grand politique, le plus grand homme de l'Asie ; expulsé de ses états héréditaires, il les a recouvrés ; et joignant à des droits héréditaires le droit de l'épée, il a réuni sous sa domination le Tunkin, la Cochinchine, le Tsiampa, le Cambodge, le Laos, le Lac-tho, et est devenu plus puissant qu'aucun de ses prédécesseurs. Le Tunkin, état qui seul est beaucoup plus peuplé et plus riche que les cinq autres, a été érigé en empire, et par cette érection semble soustrait à la suprématie de la Chine, dont il avait toujours été dépendant.

« La description de ces pays, et le tableau de ces nations, doivent attirer et fixer l'attention des hommes dont la manière de voir diffère le plus. Un sentiment d'humanité porte à observer quels sont, dans toutes les contrées, les dons de la nature, et dans quel état est l'industrie ; une juste curiosité recherche quelles sont les opinions religieuses, les institutions, les sciences et les arts. Le commerçant peut trouver dans ces notions matière à des échanges avantageux ; l'homme d'état y fonder des spéculations politiques ; pour le philosophe, c'est une page de plus dans l'histoire de l'homme.

« Qu'il nous soit permis d'ajouter, qu'il n'en est pas de la relation présentée ici au Public, comme de tant de relations de pays éloignés, qui quelquefois n'ont pour base que des conversations avec des nationaux, souvent incapables de donner de justes renseignemens sur l'état de leur patrie ; ou de journaux de navigateurs, qui ne sont entrés que dans des rades et dans des ports, et qui, quand ils auraient pénétré dans l'intérieur des terres, n'auraient pu apprécier que ce qui est relatif à la navigation, ou des observations de voyageurs qui n'ont fait que traverser les pays qu'ils décrivent, et souvent même en ont ignoré la langue. Cette notice du Tunkin et des pays adjacens a été obtenue par les mêmes moyens qui ont procuré à l'Europe les premiers renseignemens certains sur la Chine. C'est une exposition de faits constatés par M. de la Bissachère, missionnaire français, le seul européen qui, après avoir habité le Tunkin, réside actuellement en Europe (*).

« M. de la Bissachère a passé dix-huit années dans le Tunkin, et la Cochinchine, les a parcourus dans presque toute leur étendue, ainsi que la plupart des états adjacens ; il en entend et en parle la langue,

(*) *Il est possible qu'il y ait à Rome un autre missionnaire qui ait pénétré dans le Tunkin. M. de la Bissachère a mené avec lui en Angleterre un jeune Tunkinois, le seul homme de cette nation qui soit en Europe.*

et a été en relation avec toutes les classes des habitans de ces pays. Père temporel, confident, conseil des chrétiens, qui, dans ces pays, sont en assez grand nombre, il a été en société avec les plus grands personnages de l'Etat, souvent en conférence avec les mandarins ; il a eu lui-même un brevet de mandarin ; des tunkinois ont été par ordre du gouvernement attachés à son service personnel ; plusieurs fois il a été admis à l'audience de l'Empereur. »

A lire ce portrait, on serait tenté de s'étonner que Montyon, si habile panégyriste, ait emprunté si peu à l'auteur qu'il loue si libéralement. Mais il poursuit :

« Quant aux faits sur lesquels il n'a pu fournir de notions, on en a eu indépendamment de lui par la communication de mémoires, et de lettres de personnes qui, ayant résidé dans ces contrées, ont eu part aux événemens qui y sont survenus, et à tous les titres méritent confiance. »

On voit donc que Montyon ouvre largement la porte aux renseignements de toute nature et de toute origine et il ne sera désormais plus surprenant de constater dans ses deux volumes un mélange assez bien dosé de notions exactes, de rapports controuvés et d'informations qui paraissent n'avoir d'autre source qu'une imagination féconde.

Dans l'exemplaire de Paris, l'éditeur proprement dit, Galignani, n'a pas voulu laisser à Montyon seul le soin de présenter La Bissachère et, quand on sait quelle est la faible part du missionnaire dans l'*Etat actuel du Tunkin,* on éprouve un sentiment de satisfaction à constater avec quelle générosité l'éditeur lui attribue ce qui est à Montyon. Voici le morceau :

« On n'avait eu jusqu'ici que des notices vagues et superficielles sur le Tunkin, la Cochinchine, le Laos et autres pays adjacens, nouvellement érigés en Empire. Le long séjour de M. de la Bissachère dans cette partie intéressante de la presqu'île au delà du Gange, lui a procuré les lumières qui nous manquaient. Rien d'essentiel n'est échappé à ses observations. Forme du Gouvernement, lois, religion, force de l'Etat, nature du sol, culture, industrie, mœurs, usages, caractère, arts, sciences, littérature, idiômes, relations commerciales à établir, tout ce qui pouvait piquer la curiosité des Européens, a été tour à tour l'objet d'un examen approfondi et impartial. Chaque point de vue lui a fourni un tableau distinct, d'un dessin correct et d'un coloris sévère ; méthode digne de servir de modèle aux écrivains qui veulent courir la même carrière. Il y a lieu de croire que cet ouvrage, publié l'année dernière à Londres, et accueilli comme il méritait de l'être, ne sera pas lu moins avidement en France. L'homme d'état, le moraliste, le géographe, le littérateur, le négociant, le naturaliste, y puiseront des connaissances exactes et précises, qu'ils chercheraient vainement dans les Voyages et les Géographies les plus célèbres d'ailleurs. »

GALIGNANI.

Pour compléter notre connaissance de l'ouvrage de Montyon, il a paru bon de reproduire ses sommaires qui non seulement permettront de voir à quel point il s'est éloigné de La Bissachère, mais qui fourniront aussi une idée approchée de la manière dont il a traité le vaste sujet qu'il avait conçu.

TOME I

INTRODUCTION (p. I). — (1) La surface du globe est connue, le temps est arrivé de tirer parti de cette connaissance. (2) Intérêt qu'offre la connaissance du Tunkin, etc. (3) Moyens employés pour obtenir cette connaissance.

PREMIÈRE PARTIE

CHAP. PREMIER (p. 13). — *Dénomination du Tunkin, etc.* — (1) Altération par les Européens des noms des pays asiatiques. (2) Erreurs relatives au Tunkin et pays adjacens. (3) Erreurs dans la dénomination des titres, ainsi que des lieux.

CHAP. II (p. 19). — *Aspect géographique.* — (1) Situation des états sous la domination de l'empereur du Tunkin. (2) Détails de la situation de ces états. (3) Montagnes. (4) Fleuves, rivières, etc. (5) Côtes et rades. (6) Iles.

CHAP. III (p. 31). — *Aspect météorologique.* — (1) Douceur du climat. (2) Exemption des excès de chaleur et de froid. (3) Susceptibilité de l'air. (4) Durée des saisons. (5) Différence du climat en divers cantons et lieux de ce pays. (6) Vents et courants. (7) Orages et ouragans.

CHAP. IV (p. 45). — *Aspect géologique.* — (1) Retraite de la mer sur les côtes du Tunkin. (2) Qualité des terres. (3) Cavernes. (4) Mines. (5) Mauvaise qualité des eaux. (6) Phénomène.

CHAP. V (p. 59). — *Aspect anthropologique.* — (1) Cinq races d'hommes ; de laquelle sont les Tunkinois ? (2) Traits des Tunkinois. (3) Constitution physique et force. (4) Quelques qualités corporelles. (5) Autres qualités. (6) Maladies. (7) Longévité.

Chap. VI (p. 70). — *Population.* — (1) Estime par approximation de la population de ces pays. (2) Quelle est la distribution de la population ? (3) Grande perte de la population par la famine et par les guerres civiles.

Chap. VII (p. 79). — *Aspect zoologique.* — (1) Animaux domestiques. (2) Animaux sauvages et dangereux. (3) Chasse de ces animaux. (4) Animaux sauvages et pacifiques. (5) Reptiles, etc. (6) Poissons. (7) Oiseaux.

Chap. VIII (p. 105). — *Sol et culture.* — (1) Produit du sol. (2) Grains, et leur nature. (3) Plantes. (4) Arbres à fruit de l'Inde. (5) Fruits. (6) Arbres ou plantes qui fournissent des épices ou des boissons. (7) Arbres et plantes qui fournissent les matières premières des arts. (8) Bois odoriférants. (9) Palmier et bambou. (10) Arbres d'une qualité nuisible. (11) Fleurs. (12) Protection accordée à la culture. (13) Culture du riz. (14) Culture des plantes et des légumes. (15) Culture pour l'agrément. (16) Evaluation de l'étendue du terrain cultivé.

Chap. IX (p. 148). — *Pêche et navigation.* — (1) Art de la pêche porté très-loin. (2) Divers procédés employés pour la pêche. (3) Imperfection de l'art de la navigation. (4) Construction des bâtimens de mer.

Chap. X (p. 165). — *Arts et manufactures.* — (1) Imperfection des arts en général. (2) Divers exemples. (3) Dans quelques genres d'ouvrages, défectuosité de substances employées. (4) Dans la plupart des arts, défectuosité des procédés de l'ouvrier. (5) Manque absolu de quelques arts. (6) Obstacles au perfectionnement des arts.

Chap. XI (p. 177). — *Beaux-arts.* — (1) Des beaux-arts en général. (2) Musique. (3) Déclamation. (4) Peinture, gravure, sculpture. (5) Danse. (6) Architecture. (7) Observation sur l'intérêt dont est le perfectionnement des beaux-arts dans ce pays.

Chap. XII (p. 196). — *Commerce intérieur.* — (1) Ce qu'il est entre les divers Etats soumis à la domination de l'empereur, entre les villes et les campagnes, entre les habitans d'une même commune. (2) Obstacles à la prospérité du commerce. (3) Principaux objets de commerce intérieur. (4) L'activité du commerce intérieur obstruée par le défaut de chemins. (5) Facilitée par la communication par eau. (6) Obstacle à l'activité du commerce, par la difficulté de la correspondance épistolaire. (7) Mesures d'usage dans le commerce. (8) Monnaies. (9) Bonne foi dans le commerce. (10) Le commerce intérieur a lieu par petites parties, très rarement en grandes masses. (11) Haut intérêt de l'argent.

Commerce extérieur. — (1) Limites fort resserrées du commerce extérieur du Tonkin ; révolutions qu'il a éprouvées. (2) Le commerce de la Cochinchine un peu plus étendu ; cours qu'a eu ce commerce. (3) Régime du commerce extérieur. (4) Objets d'exportation et d'importation.

Chap. XIII (p. 221). — *Alimens.* — (1) Trois besoins essentiels de l'homme, aliment, vêtement, logement, ces besoins sont moins exigeans dans le climat du Tunkin que dans d'autres : dans tous, l'aliment est le besoin le plus exigeant. (2) Abondance et bonne qualité des végétaux alimentaires ; (3) des poissons ; (4) des animaux terrestres qui forment aliment ; (5) des animaux aériens. (6) Boissons. (7) Préparation des alimens. (8) Ordonnance des repas. (9) Abondance et variété des substances alimentaires ; ces substances n'étant pas sujettes à souffrir des mêmes désordres de la nature, sont supplémentaires les unes les autres.

Chap. XIV (p. 238). — *Vêtement.* — (1) Forme des vêtemens. (2) Couleur des vêtemens. (3) Bon marché des vêtemens.

Chap. XV (p. 243). — *Logement.* — (1) Consistance des maisons. (2) Matériaux des maisons, et distribution du logement. (3) Quelques formes de construction tenant à des localités. (4) Convenance pour ce pays de la forme de ces maisons.

SECONDE PARTIE

Objet de la seconde partie : Ordre social.

Chap. premier (p. 249). — *Constitution politique et gouvernement.* — (1) La constitution du Tunkin n'a point pour base un consentement national. (2) La souveraineté du Tunkin est dépendante de la Chine suivant les lois, indépendante en réalité. (3) La constitution de l'Etat est despotique. (4) Modification de ce despotisme. (5) La nation divisée en deux ordres, le premier formé des royaux. (6) Dans le second ordre sont les populaires. (7) Organisation politique du Tunkin .(8) Droit politique des autres Etats soumis à la domination de l'empereur. (9) Le malheur de ces pays ne vient pas de la puissance conférée par les lois. (10) Système politique dans les relations extérieures.

Chap. II (p. 269). — *Droit privé.* — (1) Etat de l'homme ; liberté personnelle. (2) Mariage. (3) Puissance paternelle. (4) Droit de succéder. (5) Des contrats et des dettes. (6) Administration de la justice dans les affaires civiles ; (7) et dans les affaires criminelles. (8) Peines décernées contre les coupables. (9) Degrés de jurisdiction. (10) Corruption des juges. (11) Maintien de la sûreté publique.

Chap. III (p. 294). — *Finance.* — (1) Nécessité de l'existence des impôts dans le Tunkin. (2) Impôt personnel. (3) Impôt territorial. (4) Fournitures en nature et corvées. (5) Contribution au service militaire. (6) Droit de douane. (7) Droit sur le sel. (8) Considérations générales sur ces impôts.

Chap. IV (p. 308). — *Force militaire.* — (1) Ancien art de la guerre dans ce pays. (2) Etat actuel de la force armée. (3) Organisation de l'armée. (4) Caractère du service militaire. (5) Ration, solde, vêtement du soldat. (6) Armement. (7) Rectification de l'armement et de la manœuvre. (8) Discipline. (9) Force maritime.

TOME II

Suite de la seconde partie.

Chap. V (p. 1). — *Religion.* — (1) Puissance de la religion. (2) Influence du dogme, des préceptes, du culte. (3) Le tunkinois n'est point idolâtre. (4) Sa religion est le polythéisme, dogme. (5) Préceptes. (6) Culte. (7) Bonzes. (8) Chez quelques peuples de ce pays, nullité ou bizarrerie des idées religieuses. (9) Religion de Confutzée. (10) Christianisme.

Chap. VI (p. 36). — *Mœurs.* — (1) Respect de la propriété. (2) Répugnance pour l'effusion du sang. (3) Bienfaisance. (4) C'est le pays de l'amitié. (5) Affection pour les parens, respect pour la vieillesse. (6) Sort des femmes. (7) Genre de décence. (8) Prostitution rare. (9) Caractère communicatif. (10) Disposition à la gaîté. (11) Goût pour le luxe. (12) Caractère civique. (13) Courage. (14) Sentiment de l'honneur. (15) Paresse. (16) Gourmandise. (17) Vanité. (18) Causes de ces défauts. (19) Haines nationales. (20) Mœurs particulières du Tsiampa, du Laos, du Lac-tho. (21) Mœurs distinctives de diverses provinces et de diverses classes de la nation.

Chap. VII (p. 65). — *Usages.* — (1) Leur force. (2) De la parure. (3) Usage du bétel. (4) Manière de s'asseoir, et de se faire transporter d'un lieu à un autre. (5) Dénominations. (6) Formes de la politesse. (7) Enterremens. (8) Deuil. (9) Fêtes. (10) Spectacles. (11) Jeux.

Chap. VIII (p. 96). — *Langue.* — (1) La langue, indice de l'esprit et du caractère national. (2) Exemple de la langue française. (3) Analogie et différence de la langue tunkinoise avec la langue chinoise, dont elle est dérivée. (4) Organisation de cette langue.

(5) Son caractère. (6) Prononciation. (7) Ecriture. (8) Plan de réforme de l'écriture.

Chap. IX (p. 120). — *Sciences.* — (1) Imperfection des sciences dans le Tunkin. (2) Etat de plusieurs sciences. (3) Médecine. (4) Moyens de transmission des connaissances, imprimerie. (5) Protection accordée à l'instruction et aux sciences.

Chap. X (p. 130). — *Littérature.* — (1) Les Tunkinois ont une haute opinion de leur littérature. (2) La richesse de la langue tunkinoise est d'un genre qui ne sert pas la littérature. (3) Style sage. (4) Succès dans l'art oratoire. (5) L'histoire n'est ni exacte ni bien écrite. (6) Caractère de la poésie. (7) Drames. (8) Déchéance de la littérature, possibilité de sa restauration.

TROISIÈME PARTIE

Chap. premier (p. 138). — *Evénemens principaux dans le Tunkin, la Cochinchine et autres Etats. Quatre époques à distinguer.*

Première époque. — (1) Les Tunkinois issus des Chinois ; antiquité de l'origine de ces nations. (2) Le Tunkin habité depuis deux mille ans. (3) Le Tunkin gouverné tantôt par des vice-rois de l'Empereur de Chine, tantôt par des rois qu'il se donnait ; érection de cet Etat en royaume dépendant et tributaire de la Chine.

Deuxième époque. — (1) Etablissement dans le Tunkin d'un *Chua-vua* héréditaire. (2) Usurpation de cette dignité. (3) Dissensions et guerres qui suivent cette usurpation. (4) Inféodation de la Cochinchine, et érection de ce pays en royaume dépendant, tributaire du Tunkin.

Troisième époque. — (1) La puissance du Chua-vua rend celle du roi illusoire. (2) La Cochinchine devient une puissance rivale du Tunkin, quoique dépendante.

Quatrième époque. — (1) Restauration de la puissance royale dans le Tunkin ; le dignité de Chua-vua n'est plus héréditaire. (2) En Cochinchine, interversion de l'ordre de succession à la couronne. (3) Révolution en Cochinchine ; le Tunkin y intervient. (4) Insurrection des *Tay-son* en Cochinchine. (5) Le roi illégitime est mis à mort. (6) Usurpation de la Cochinchine par les trois frères Tay-son ; malheurs et massacres des rois légitimes ; leur héritier, *Ong-Nguy-en-Chung*, empereur actuel du Tunkin échappe aux rebelles. (7) Ce prince combat les Tay-son, usurpateurs de ses Etats, et, après des succès divers, est obligé de fuir. (8) Il se retire à Siam, y rend de grands services au roi de ce pays, et cependant n'y est pas en sûreté. (9) Invasion d'un des Tay-son dans le Tunkin, et stratagème très extraordinaire. (10) Partage de la Cochinchine entre les trois frères Tay-son ; un d'eux fait une seconde invasion dans le Tunkin, et en usurpe la souveraineté ; Nguy-en-Chung rentre dans la Cochinchine, mais est vaincu. (11) Négociations et traité de Nguy-en-Chung avec la France ; il rentre dans la Cochinchine et s'en empare, ainsi que de quelques pays adjacens, mais le traité avec la France n'a point d'exécution. (12) Il brûle la flotte de *Nhac*, l'aîné des Tay-son ; *Can-thinh*, neveu de Nhac, marche à son secours, mais, sous ce prétexte, le dépouille de ses Etats ; mort de Nhac. (13) Guerre de Nguy-en-Chung contre Can-thinh, qui est surpris et obligé de fuir. (14) Can-thinh rassemble une armée, attaque la Cochinchine ; mais son armée est séduite, et se débande. (15) Une autre armée de Can-thinh, qui avait pénétré dans la basse Cochinchine, périt presque entièrement dans le passage par le Laos. (16) Nguy-en-Chung est reconnu souverain du Tunkin et de la Cochinchine, et prend le titre d'Empereur. (17) Mœurs et conduite de ce prince. (18) Altération dans ses mœurs depuis qu'il est en possession paisible de ses Etats. (19) Difficultés qui s'élèvent sur la succession future au trône. (20) Résultat de son règne.

CHAP. II (p. 202). — *Résumé. — Résumé des faits.*

— (1) Aspect des grands avantages du Tunkin. (2) Balance des avantages et des désavantages, climat, température, qualité des eaux, etc. (3) Coupe de terrain. (4) Richesse intérieure. (5) Production de la végétation, grains. (6) Arbres. (7) Animaux. (8) Œuvres industrielles. (9) Morale. (10) Intelligence. (11) Institutions politiques et civiles. (12) Comparaison avec les autres nations en général. (13) Avec les nations américaines avant leur communication avec l'Europe. (14) Avec les nations européennes depuis le XIIe siècle jusqu'au XVIe. (15) Avec les Français. (16) Avec les peuples de l'Inde en général. (17) Avec les peuples de la presqu'île de l'Inde au delà du Gange. (18) Avec les Chinois. (19) Résultat de ces divers genres d'estime.

Résumé des causes. — (1) Utilité du rapprochement des causes, pour en juger la force et les effets. (2) Effet du climat ; (3) l'humidité de la température, douce et chaude, relâchant la fibre, porte à l'inaction ; (4) favorisée par l'usage des boissons chaudes. (5) Cependant ce peuple rappelé à l'action, par la nécessité de satisfaire aux charges de l'Etat. (6) Le relâchement de la fibre favorable à la méditation, par l'inaction du corps, mais contraire aux grands efforts de l'esprit. (7) La stagnation de l'intelligence tient aussi aux difficultés que la langue met à l'instruction, et à la déviation de l'opinion par l'idolâtrie et le despotisme. (8) En même temps que ces institutions cimentent l'ignorance, l'ignorance consolide ces institutions. (9) Puissance des usages. (10) Usages utiles et nuisibles sous divers rapports. (11) Origine du sort du Tunkin dans ses institutions politiques. (12) Causes de l'imperfection des œuvres industrielles. (13) Causes de la diversité des mœurs dans les diverses parties de l'Empire. (14) Les malheurs du Tunkinois procèdent plus de sa faute que de la faute de la nature, et plus de son impéritie que de sa méchanceté.

Chap. III (p. 255). — *Aperçu de l'avenir.* — (1) Imperfection de la prévision politique. (2) Cette prévision plus imparfaite encore quand elle a pour objet un état despotique. (3) Changemens dans le Tunkin, signalés par les changemens généraux qui s'opèrent sur toute la surface du globe. (4) Relation des changemens moraux et politiques avec les changemens physiques. (5) Délaissement de la mer, etc. (6) Rectification des principes de la morale. (7) Rectification des opinions sur tout genre d'objets. (8) Perfectionnement des idées scientifiques. (9) Direction donnée à ces idées dans le Tunkin. (10) Avantages résultant de la réunion de six états sous une même domination. (11) Dissensions intérieures moins à craindre. (12) L'Etat plus à l'abri des guerres extérieures. (13) L'Etat sans intérêt d'entreprendre des guerres offensives. (14) Avantages qui doivent résulter d'une longue paix. (15) Avantages qu'on peut attendre de la protection accordée aux sciences, et du progrès des connaissances humaines. (16) Quelles relations de commerce les Européens peuvent espérer avec le Tunkin. (17) Objets d'exportation. (18) Objets d'importation. (19) Quels motifs a le Tunkin pour se livrer au commerce extérieur et pour s'y refuser ? (20) Nulle apparence d'un commerce extérieur fait par le tunkinois. (21) Le Tunkin peut occuper ses citoyens à des objets dont l'intérêt prévaut sur l'intérêt du commerce. (22) Inconvéniens pour le Tunkin de porter ses citoyens à la navigation de long cours, et à l'introduction dans le pays étranger. (23) Motifs pour que le Tunkin proscrive même l'admission de l'étranger dans ses ports. (24) Apparence des dispositions personnelles de l'empereur actuel. (25) Quand même l'Empereur admettrait l'étranger dans ses ports, doutes sur le maintien de ce régime. (26) Nul grand intérêt ne porte à cette admission. (27) Cependant il y a vraisemblance qu'un long temps ne se passera pas sans qu'elle ait lieu. (28) Mais avec les restrictions usitées dans la Chine et au Japon. (29) Possibilité d'une grande concession de commerce, s'il survient quelque crise dans le Tunkin. (30) Obstacles de la constitution de l'Etat à un très grand commerce. (31) Autres obstacles dans les vices de l'administration. (32) Le commerce avec le Tunkin particulièrement avantageux aux nations manufacturières. (33) Ce commerce ne peut se faire que par une compagnie de commerce. (34) Ces spéculations sur le commerce du Tunkin peuvent devenir illusoires, par un changement de l'opinion des Européens sur l'utilité du commerce de l'Inde. (35) Aperçu de la destinée du Tunkin, considérée en général. (36) Aperçu de cette destinée pour des temps éloignés.

Avant de terminer l'article de cette introduction relatif à Montyon, et pour fournir quelques exemples de ses procédés de composition, il a paru bon de donner un tableau de certains de ses emprunts. Mais préoccupé de rester dans le cadre de cette étude, nous avons voulu nous borner à ce qui concerne l'histoire du pays d'Annam, sans nous arrêter à ce qui touche aux mœurs, aux coutumes, à la géographie, etc. Nous avons donc relevé, sans autres commentaires que ceux qui s'imposent, quelques renseignements d'ordre historique que Montyon semble devoir à Barrow, — car, chose remarquable, tout porte à croire qu'il a adopté les vues de l'auteur anglais de préférence à celles du missionnaire sur la relation duquel il prétend fonder son ouvrage [1].

1. Il n'est pas superflu de rappeler qu'il ne cite le nom de Barrow en aucun lieu de son ouvrage.

I. ... but the Queen, the young Prince, with his wife and infant son, and one sister, by the ready assistance of Adran, effected their escape. Under favour of the night they fled to a considerable distance from the capital, and took refuge in a forest. Here, for several months, the young King of Cochinchina, like another Charles, concealed himself and the remnants of his unfortunate family in the shady branches, not of an oak, but of a banyan or fig-tree, whose sacred character rendered it, perhaps, in their estimation the more secure. In this situation, they received their daily sustenance from the hands of a Christian priest, of the name of Paul, who carried them supplies at the hazard of his own life, till all further search was discontinued, and the parties of troops sent out for the purpose recalled (p. 256).

Le jeune Nguy-en-Chung, sous la conduite de sa mère, se réfugia dans les bois, où pendant plusieurs mois caché sur la cime d'un arbre touffu, il n'avait pour subsister que les alimens que leur apportait la nuit quelques confidens de leur retraite ; et ils ne parvinrent à s'en évader, que par le secours d'un évêque d'Adran, évêque *in partibus*, chef d'une mission chrétienne, homme qui jouissait d'une haute considération... (II, p. 163).

II. Having collected the remains of his family and a few faithful followers, he embarked in the river of Saigong ; and, putting to sea, arrived safely on a small uninhabited island in the gulph of Siam, called *Pulo Wai* (p. 257).

Vaincu sans ressource, n'ayant plus de retraite, ni de défenseurs dans ses Etats, il passa secrètement avec sa famille dans l'île de *Pullowai*, petite île déserte située dans le golfe de Siam (II, p. 165).

III. ... an invitation in due form was sent down for Quang-tung (*sic* pour Quang-trung) to proceed to Pekin. This wary general, however, thinking it might be a trick of the Vice-roy to get possession of his person ; and naturally distrusting the man whom he had so shamefully defeated, remained in doubt as to the course he ought to pursue : but, on consulting one of his confidential generals, it was concluded between them that this officer should proceed to the capital of China as his representative, and as the new King of Tung-quin and Cochinchina. He was received at the court of Pekin with all due honours, loaded with the usual presents, and confirmed in his title to the united kingdoms, which were in future to be considered as tributary to the Emperor of China. On the return of this mock king to *Hué*, Quang-tung was greatly puzzled how he should act ; but seeing that the affair could not long remain a secret with so many living witnesses, he caused his friend and the whole of his suite to be put to death, as the surest and perhaps the only means of preventing the trick, which he has so successfully played

... Il demanda à l'empereur de la Chine de le reconnaître pour roi du Tunkin, et obtint cette reconnaissance sous condition qu'il se rendrait à Pékin pour prêter foi et hommage, et recevrait l'investiture. Si l'on en croit un bruit accrédité dans ce pays, Long-nhuong se méfia du voyage de la Chine qu'on exigeait de lui, et toujours fécond en fourberies, il envoya à sa place un de ses principaux officiers, qui se présenta comme étant le nouveau roi, et remplit les devoirs prescrits. Quand cet officier fut revenu de sa mission, Long-nhu-ong le fit périr avec ceux qui l'avaient accompagné afin qu'il ne restât ni vestige ni témoins de ce stratagème (p. 170, 171).

on the Emperor of China, from beeing discovered (p. 254).

IV. His Siamese Majesty happened to be at war with the *Braamans* (the Birmans) who had hitherto been constantly victorious... Caung-shung... made an offer of his services to proceed against the enemy at the head of his little army of followers, amounting, at that time, to about one thousand effective men. The King accepted his offer... Instead of hazarding a general engagement with the enemy, he attacked him only from certain commanding positions, threw obstacles in the way of his march, harassed him continually by detachments and, in short, made use of so many manœuvres unknown to the Birmans, that he obliged them to sue for a peace of his own terms (p. 258).

... bientôt après le roi de Siam ayant perdu une bataille contre une nation voisine, eut recours à son protégé, qui, avec trois ou quatre mille Cochinchinois qui étaient venus le trouver, joignit l'armée siamoise, et battit les ennemis qui demandèrent en vain la paix ; leur armée fut détruite, les commandans furent pris et mis à mort suivant la coutume barbare du pays (II, p. 166).

V. The King of Siam, it seems, had made overtures to Quang-shung's (*sic*) mother during his absence in the war, to obtain his sister as one of his concubines ; a proposal which she had rejected with disdain. But beeing desperately smitten with her beauty he was determined to possess her at any rate, and, for this

... le roi de Siam avait conçu une passion pour la sœur de ce prince malheureux, et voulait l'avoir pour concubine, ne pouvant lui donner un autre rang ; Nguy-en-chung se refusait à cette dégradation... (p. 172).

purpose, made an offer to share with her his throne (p. 258, 259).

VI. ... he sallied forth from the capital of Siam, cut his way through all that opposed him, embarked his friends (about fifteen hundred persons) in a sufficient number of Siamese vessels and Malay *proas* that were lying in the harbour and, putting to sea, arrived safely on *Pulo Wai*, which he now took care to fortify in such a manner, with the guns and arms found on the ships he has seized, as to be secure against any attack that either the king of Siam or the rebels of Cochinchina might be disposed to make against it (p. 259, 260).

... il se détermina à une nouvelle retraite dans l'île de *Pullo-wa*, partit subitement avec sa famille à la tête de quinze cents Cochinchinois qui l'avaient joint à Siam, parvint à un port avant qu'on eût pu l'atteindre, s'empara de force de quelques navires, fit voile vers son île, s'y fortifia avec les canons qui étaient sur ces navires, et tira des approvisionnemens de la basse Cochinchine (p. 172).

VII. On passing the inner gate (de Qui-nhon) he was fired at by a person on the rampart. His guards advancing immediately seized the culprit, whom they brought before the King with his hands bound behind him. It was discovered that he was a general officer, and a relation of the usurper. The King, according to the custom of the Chinese when they mean to mitigate the sentence of death passed on a criminal, told him that instead

... il avait pris une ville par capitulation ; lorsqu'il y entra, on fit feu sur lui et sur sa troupe, et on tua plusieurs personnes auprès de lui. L'auteur de cette trahison saisi et chargé de fers eut l'insolente audace de déclarer au roi qu'il était heureux de pouvoir le faire périr, parce que jusqu'à son dernier moment il combattrait contre lui; le prince au lieu de punir tant de perfidie et de fureur lui rendit la liberté sans condition (p. 175, 176).

of ordering his head to be struck off, which he so well merited, he would allow him, in consideration of his rank, to chuse his own punishment... « If you are not afraid of me, said the rebel chief, you will instantly order my release : and, as I have sworn never to live under your protection, or to be obedient to your laws, if you dare to comply with I ash, I shall immediately repair to *Hué*, where my rank and character will procure me the command of an army, at the head of which I shall hereafter be proud to meet you. » The King, struck with his bold and open conduct, ordered him to be untied, directed a guard of soldiers to escort him to the northern frontier... (p. 272, 273).

VIII. His stature (de Gia-long) is represented to be somewhat above the middle size ; his features regular and agreeable ; his complexion ruddy, very much sun-burnt by a constant exposure to the weather. He is at this time (1806) just on the verge of fifty years of age (p. 279).

Ce prince âgé (en 1807) de cinquante et un ans, est d'une taille un peu au-dessus de la médiocre ; sa constitution est forte ; ses traits sont réguliers et assez agréables ; son teint est plus brun que celui de la plupart des Tunkinois et des Cochinchinois, parce qu'ayant presque toujours été livré aux travaux de la guerre, il a été rembruni par le grand air (p. 186, 187).

IX. He neither makes use of Chinese wine, nor any kind of spirituous liquors, and contents himself with a very small portion of animal food. A little fish, rice, vegetables and fruit with tea and light pastry, constitute the chief articles of his diet (p. 278).

Dans sa jeunesse, il était sujet à s'enivrer ; il s'est corrigé de ce vice, vit avec la plus grande sobriété, ne boit d'aucunes liqueurs spiritueuses, mange peu de viandes ; du poisson mêlé avec du riz, des légumes, des fruits et quelques pâtisseries légères forment tous ses alimens[1] (p. 188, 189).

X. Like a true Chinese descended, as he boasts to be, from the imperial family of Ming, he always eats alone, not permitting either his wife or any part of his family to sit down to the same table with him (p. 278, 279).

A l'exemple des empereurs de Chine, dont il prétend descendre, il mange toujours seul, et n'admet à sa table aucune femme, pas même l'impératrice... (p. 190).

XI. ... his mode of life is regulated by a fixed plan. At six in the morning he rises from his couch, and goes into the cold bath. At seven he has his levee of Mandarins :

Sa vie habituelle est très réglée ; toutes les heures de sa journée ont un emploi déterminé, et presque toutes sont consacrées à des devoirs : il se lève à six heures du matin et

1. On croirait, au début de ce paragraphe, que Montyon a pris son inspiration dans une lettre du missionnaire Le Labousse, mais on se rend bientôt compte que Barrow paraît encore ici son informateur. Voici le passage de Le Labousse visé : « Dans sa jeunesse il était adonné au vin ; mais, quand il s'est vu à la tête des affaires, il s'en est si bien corrigé, qu'il ne veut même plus le goûter du bout des lèvres. » *Nouvelles Lettres édifiantes*, Lettre de Le Labousse, VIII, p. 184, 185. Cette lettre, telle qu'elle avait été reproduite dans les *Nouvelles des Missions Orientales*, publiées en 1808 à Lyon, ne contient justement pas le passage en question ; et les *Nouvelles Lettres édifiantes* n'ont paru qu'en 1823 ; il paraît donc très peu probable que Montyon l'ait connu.

all the letters are read which have been received in the course of the preceding day, on which his orders are minuted by the respective secretaries. He then proceeds to the naval arsenal, examines the works that have been performed in his absence, rows in his barge round the harbour, inspecting his ships of war... About twelve or one he takes his breakfast in the dockyard, which consists of a little boiled rice and dried fish. At two he retires to his apartment and sleeps till five, when again rises; gives audience to the naval and military officers, rejects, or amends whatever they may have to propose. These affairs of state generally employ his attention till midnight, after which he retires to his private apartements to make such notes and memorandums as the occurences of the day may have suggested. He then takes a light supper, passes an hour with his family, and between two and three in the morning retires to his bed; taking, in this manner, at two intervals, about six hours of rest in the four-and twenty (p. 277, 278).

d'abord prend un bain froid; à sept heures, il se fait remettre les lettres et mémoires reçus depuis la veille, les lit et les apostille; ensuite il visite l'arsenal, la fonderie et les autres constructions, et en inspecte les travaux; à onze heures et demie, il se fait apporter son déjeûner, qui ne consiste qu'en du riz bouilli et du poisson sec; à deux heures, il retourne à son palais, se fait rendre un compte succinct de sa dépense domestique, se couche et dort jusqu'à cinq heures; alors il se lève et donne audience aux mandarins et à tous ses sujets; répond sur-le-champ aux demandes qui n'exigent pas d'instruction, et donne des ordres sur tous les genres d'affaires; on lui remet les expéditions faites en conséquence de ses apostilles du matin; et il les approuve ou les change. A onze heures, il rentre dans son intérieur, inscrit dans son journal ce qu'il a fait ou observé dans la journée, et ce qu'il se propose de faire, ensuite il fait entrer ses fils qui attendent ses ordres à la porte; il leur fait rendre compte de l'emploi de leur temps, et leur donne ses ordres pour le lendemain; vers trois heures du matin, après avoir pris un léger repas, il se couche; ainsi, sur les vingt-quatre heures, il n'en donne pas plus de six au sommeil (p. 189, 190).

XII. He observes a most scrupulous regard to the maxims of filial piety, as laid down in the works of Confucius, and humbles himself in the presence of his mother (who is still living) as a child before his master (p. 276).

Fidèle observateur de la piété filiale, il a jusque sur le trône rendu à sa mère les hommages du fils le plus respectueux (p. 187).

XIII. ... Of their seven children the two eldest sons were put under the tuition of Adran. The heir apparent, the youth whom the Bishop carried with him to Paris, died shortly after his master. He was of a mild, obliging, and affable disposition, endued with all the social virtues, but of talents more suitable for the quiet of domestic requirement than the bustle of public life. The second brother, the present heir to the throne, has the character of being a complete soldier. He served three years as a private in his father's guards, and five years as a corporal and serjeant, during which servitude he was engaged in a great deal of active warfare. In 1797, ne was raised to the rank of Lieutenant Colonel, and the following year he was appointed

... Ce jeune prince (le fils aîné de Gia-long) est mort... Cette perte n'en a pas été une grande pour l'empire ; car ce prince ne donnait pas de grandes espérances. L'évêque d'Adran, chargé de son éducation en avait fait un homme modéré et vertueux ; mais il l'avait préservé des vices sans lui donner les grandes qualités nécessaires à quiconque est destiné à porter une couronne. Quoique l'évêque n'eût pas osé lui conférer le baptême, parce que l'empereur son père l'avait expressément défendu, il lui avait inspiré un grand enthousiasme pour le christianisme, un grand mépris et une grande aversion pour les idoles, dispositions bien dangereuses dans le souverain d'un peuple superstitieux, dévoué de tout temps au culte des idoles. L'empereur avait

Governor of the southern provinces. In 1800, he obtained the rank of General, and was appointed to the command of on army of 50.000 men ; in which year he gained a most important victory over the rebels in the north, having slain 9.000 of the enemy, and taken all their elephants of war and artillery (p. 283, 283).

un autre fils qui n'était point issu du mariage avec l'impératrice ; celui-ci, étranger aux leçons de l'évêque d'Adran, avait vécu dans les camps, et ne connaissait que les armes. Après avoir passé par tous les grades du service militaire, et être resté long-temps simple soldat, il avait été fait colonel ; puis était devenu général ; et en 1800 avait obtenu le commandement d'une armée de trente cinq mille hommes à la tête de laquelle il avait gagné une bataille contre les rebelles. Ce prince, cher à toute l'armée, est mort peu de temps après l'héritier du trône (p. 195-197).

Ce dernier passage, intentionnellement reproduit, appelle quelques réflexions. On a noté d'abord que le portrait du fils aîné de Gia-long, le prince Canh, offre chez Barrow et chez Montyon, d'assez considérables différences ; le portrait du second fils, le prince Hi, semble d'autre part librement traduit par Montyon suivant sa méthode habituelle. Mais deux contradictions de détail sont apparentes (le prince, pour Barrow, était né de l'impératrice et avait été élève de l'évêque d'Adran, — ce que Montyon nie) et, en outre, une addition est faite par Montyon au portrait de Barrow : le prince Hi ne survécut pas longtemps à son aîné.

Le fait est exact : le prince Canh était mort le

20 mars 1801 et le prince Hi mourut le 21 mai de la même année. Barrow, semble-t-il, n'en a rien su ; Montyon était mieux informé. Ce qu'il dit du prince Canh et de ses dispositions à l'égard de la religion du pays, il n'a pu l'imaginer non plus ; de qui le tenait-il ? De La Bissachère lui-même peut-être si, comme il est fort probable, il a été en relations avec lui à Londres. Mais ce n'est là qu'une hypothèse qu'il serait difficile, dans l'état actuel de nos informations, de bien étayer. Retenons seulement que Montyon a pu, en certaines circonstances et sur des points historiques, recevoir des renseignements exacts d'une source encore inconnue [1]. On peut en trouver un autre exemple dans un passage où il répond à la question : Gia-long était-il lettré ? il se sépare d'abord de l'opinion de Barrow sur le point essentiel et s'en rapproche immédiatement en un détail de moindre importance.

XIV. With the works of the most eminent Chinese authors, he is well acquainted (p. 276, 277). He established public schools, to which parents were	... Comme il n'est pas en état de lire les livres chinois, il se les fait lire ; et voulant appeler ses sujets à acquérir des connaissances qu'il n'a

1. Il est question de la mort du prince Hi dans deux lettres des *Nouvelles Lettres édifiantes* (Labartette, 27 juin 1801 ; Serard, 5 août 1802), mais que les *Nouvelles des Missions Orientales* n'avaient pas publiées et que Montyon, par conséquent, n'a sans doute pas connues ; il a pu apprendre de La Bissachère le fait même de la mort du second prince. Il est intéressant de signaler le bref jugement de Labartette : « Le prince que vous avez vu en France est mort... et son frère puîné, prince chéri, qui était peut-être encore meilleur que l'aîné. » (*Nouv. Let. édif.*, VIII, p. 208).

compelled to send their children at the age of four years, under certain pains and penalties (p. 274, 275).	pas, il a établi des écoles publiques où les pères sont obligés d'envoyer leurs enfants dès l'âge de quatre ans (p. 199, 200).

Ces quatorze passages choisis illustrent ce qui a été dit sur la manière de composer de Montyon. Il faudrait en reproduire deux autres d'un grand intérêt ; mais, outre qu'on trouvera les documents dans notre *Histoire moderne du Pays d'Annam* [1], il n'est pas nécessaire d'en avoir le texte sous les yeux pour faire les remarques qu'ils suggèrent.

Le premier, Traité conclu entre Louis XVI et le roi de Cochinchine, tel qu'il est publié par Barrow, est entièrement forgé ; il ne contient qu'un détail exact, la cession du port de Tourane à la France. Ce n'est pas le lieu de rechercher qui a pu communiquer à Barrow « the principal articles of this extraordinary treaty » ; il suffit ici de dire que Montyon les a résumés d'un bout à l'autre en se contentant de cette réserve : « si l'on en doit croire les indications données ».

Le second document, émanant, d'après Barrow,

1. Le document sur l'armée de Gia-long est étudié dans le chapitre IX, § 1, article Armée. Le texte supposé du traité entre le Roi de France et le Roi de Cochinchine se trouve à l'Appendice, II, C, avec la forme sous laquelle M. J. Silvestre l'a reçu d'un Annamite, assez peu différente de celle que lui attribue Barrow.

Les deux passages sont placés : le premier (Armée de Gialong), dans Barrow, p. 283, et dans Montyon, p. 310-311 ; le second (Traité avec la France), dans Barrow, p. 261-266, dans Montyon (résumé), p. 174-176.

de Barisy — l'un des officiers français au service du prince annamite — a trait à la composition de l'armée de Gia-long en 1800. Alors que l'on ne trouve rien de ce genre dans les notes de La Bissachère, on voit reproduites par Montyon les données fournies par Barrow. Mais une difficulté se présente : Barrow groupe en deux paragraphes (armée, marine) les renseignements épars dans le texte de Montyon ; celui-ci donne en outre — détails non reproduits par Barrow — les noms des généraux annamites commandant chaque unité, — et il les donne en une transcription fantaisiste qui offre maintes ressemblances avec celle qu'emploie Barisy dans les lettres de cet officier récemment publiées par le P. Cadière. Faut-il conclure de là que Montyon a eu entre les mains le document original que Barrow avait connu, mais dont il n'a donné qu'une interprétation à l'européenne ? C'est probable. Mais il serait difficile de répondre encore à la question : de qui Montyon le tenait-il ? — de Barrow lui-même ? ce n'est pas impossible ; ou bien de cet informateur inconnu que nous avons déjà soupçonné ? on l'ignore.

En résumé, Montyon a utilisé avec une réserve difficile à expliquer les notes de La Bissachère (les rapprochements les plus importants ont été faits ci-dessous sous forme de notes jointes au texte du missionnaire) ; il a largement mis à contribution les récit fait par Barrow de son voyage en Cochinchine ; il a pu lire des lettres de missionnaires telles qu'elles étaient publiées par les soins de la Société des Missions-Etrangères dans les *Nouvelles des Missions*

Orientales ; il a enfin eu recours à d'autres sources qui ne se sont pas encore révélées mais dont, au demeurant, la connaissance n'importe pas grandement dans une étude limitée à la relation de La Bissachère.

III. — Le manuscrit des Archives des Affaires étrangères ; description ; publication.

Ce manuscrit se trouve aux Archives du ministère des Affaires étrangères dans le registre *Asie* 21, contenant 37 pièces (1712 à 1822) sur la Chine et la Cochinchine. C'est un cahier du format 18 cm. × 22 cm. 5, qui porte le n° 22 du registre ; il est formé de feuillets écrits au recto et au verso (page 70 blanche) et paginés de 1 à 203, plus 2 feuillets non chiffrés. Le cahier porte en outre la pagination générale du registre par folios, mais il est arrivé à plusieurs reprises qu'un folio n'a pas été chiffré ; cette pagination générale s'étend du fol. 91 au fol. 188, ce qui représenterait 98 feuillets alors que le cahier en contient en réalité 104.

Les deux modes de pagination ont été reproduits entre crochets dans le texte même de notre publication pour permettre de se reporter aisément au manuscrit, s'il en était besoin ; la pagination spéciale du cahier est en italiques.

Le manuscrit n'est pas un original[1] ; c'est une

1. Il ne semble pas que le manuscrit original de La Bissachère existe, soit aux Archives des Affaires étrangères, soit dans les

copie qui comprend, ainsi qu'il a été déjà dit, le texte de La Bissachère précédé d'un avant-propos et d'une introduction de Renouard de Sainte-Croix. Il a peut-être été préparé par les soins de ce dernier, — soit pour le joindre à une lettre au ministre lors de son retour en France [1], — soit pour en faire l'objet d'une publication spéciale.

Le manuscrit est établi sans grand soin, il est d'une écriture courante [2], mais d'une orthographe dont les variations ne s'expliquent guère que par l'ignorance du scribe ; la ponctuation est presque constamment insuffisante. On a jugé utile, pour laisser au manuscrit son caractère, de respecter certaines particularités orthographiques, mais les

autres dépôts que nous avons visités, Archives Nationales, Archives des Colonies, Manuscrits de la Bibliothèque nationale... D'autre part, nous nous sommes inquiétés de savoir s'il n'était pas aux Archives de la Société des Missions-Etrangères ; le P. Launay, consulté à ce sujet comme seul compétent, a bien voulu nous répondre qu'il n'y avait aucun manuscrit de La Bissachère dans le dépôt dont il a la garde.

1. Il faut reconnaître que le registre 21 ne contient rien qui puisse justifier cette hypothèse ; il s'y trouve une lettre (copie) de Renouard de Sainte-Croix adressée à l'Empereur Napoléon Ier, mais elle a trait à un projet d'ambassade française en Chine.

2. Qui ressemble assez à celle de la dédicace manuscrite non signée *(à Monsieur Arnauld, membre de l'Institut)* que porte notre exemplaire de l'ouvrage de Sainte-Croix. Nous nous garderons de conclure cependant que le manuscrit des Affaires étrangères est de la main de Sainte-Croix lui-même ; d'abord parce qu'il n'y a que ressemblance entre les deux écritures, ensuite parce que, y aurait-il identité, il se pourrait que Sainte-Croix eût fait dédicacer les exemplaires offerts de son ouvrage par le même scribe qui a copié le manuscrit.

pures erreurs ont été rectifiées ; la ponctuation du manuscrit a été conservée autant qu'il a été possible, mais en se préoccupant avant tout de l'intelligence du texte ; enfin pour les mots soulignés, ou en capitales — fort nombreux dans le manuscrit, — on s'est dispensé de suivre aveuglément les indications du texte et on s'est fait une loi d'observer en ce point les habitudes de l'époque.

Dans les notes, les abréviations suivantes ont été adoptées :

L. B.	désigne	le manuscrit de La Bissachère.
R.	—	l'avant-propos, l'introduction et les notes de Renouard de Sainte-Croix.
MN.	—	l'ouvrage intitulé *Etat actuel du Tonkin...*
S. C.	—	la relation de La Bissachère dans l'ouvrage intitulé *Voyage commercial et politique...*
Bw.	—	l'ouvrage intitulé *A Voyage to Cochinchina...*
H. M. P. A.	—	notre *Histoire moderne du Pays d'Annam.*

NOTES
SUR LE TONQUIN

PAR

Mr DE LA BISSACHÈRE
Missionnaire français

(1807)

AVANT-PROPOS

[92/*1*] Depuis mon séjour à Manille, je désirais avoir des renseignemens sur les nouvelles Conquêtes du Roy de Cochinchine, qui sont le *Tonquin* et le *Camboge* pays extrêmement peu connus, et qui pour ainsi dire n'ont pas été fréquentés par les Européens, qui depuis les troubles et les révolutions survenus en Cochinchine, ont abandonné le Commerce qu'ils fesaient avec ce pays. Je n'avais pu avoir que des notions très imparfaites en M^rs^ D'Ayot, mandarins de Cochin-chine qui pendant la guerre, n'ont parcouru qu'une [*2*] partie du Camboge avec l'armée du Roy de Cochinchine. Ce ne fut qu'au mois d'août 1807 que Mr de la Bissachère, missionnaire dans cette partie du monde où il est resté 18 ans arriva à Macao où j'étais alors. Je priai ce Monsieur de vouloir bien me faire un précis sur le Tonquin et il eut la complaisance de rédiger les notes que l'on va lire.

Pour conserver le manuscrit de Mr de la Bissachère dans toute sa pureté, j'ai été obligé de redresser quelques erreurs, où ce monsieur est tombé, par des notes particulières.

On trouve aussi dans la continuation des lettres édifiantes publiées à Londres en 1802, 1803, [93/3] et 1804, quelques lettres sur le Tonquin écrites par Mr de la Bissachère, mais il y traite principalement des progrès de la religion catholique (avec un peu d'exagération) et ne donne que bien peu d'éclaircissemens sur les coutumes des Tonquinois.

Pour mettre au fait ceux qui liront le précis de Mr de la Bissachère, j'ai rédigé l'introduction d'après ce que j'ai appris de Mrs d'Ayot, des événemens qui se sont passés en Cochinchine, depuis le moment où le jeune roy dépossédé de ses états fut conduit à la cour de France par Mgr l'Evêque d'Adran [1], pour demander des secours, jusqu'au tems présent ; ce qui fera connoître [4] l'état politique de ce pays et l'influence qu'ont eue les Français aux grandes révolutions qui ont eu lieu dans cette partie de l'Asie. Il faut espérer que nous en tirerons parti pour notre commerce et que nous rouvrirons avec la Cochinchine des liaisons d'intérêts qui seront fort utiles à la France.

1. Ce serait donc, d'après R., le prince emmené en France par l'évêque d'Adran en 1786 qui devint roi plus tard. C'est une erreur que l'on retrouvera dans la suite du récit ; noter que MN. ne la commet pas. En fait le jeune prince, qui mourut le 20 mars 1801, ne régna jamais ; c'est son père Gia-long qui occupa le trône après avoir vaincu les rebelles.

INTRODUCTION

[94/*5*] La Cour de Versailles venait de recevoir avec beaucoup de magnificence les Ambassadeurs, de notre plus fidelle allié dans l'Inde Tipoo-Saib *(a)* lorsque M^r^ l'Evêque d'Adran y présenta le [*6*] Roy légitime de Cochinchine dépossédé [95/*7*] de ses états par un Oncle, que son père [*8*] lui avait nommé en mourant pour tuteur, et qui pendant sa minorité s'était emparé de tous ses Etats. Une cause aussi juste intéressa vivement la Cour de France. M^r^ l'Evêque d'Adran avoit séjourné longtemps comme missionnaire en Cochinchine, il fit connoître au roy les avantages que l'on pourroit tirer de ce pays, il était

(a) Cette Ambassade qu'en France on a tourné en ridicule à tord. Tipoo-Saib a soutenu l'escadre française que commandait M. de Suffren pendant toute la guerre, on lui devait plus de 50.000.000 *(?), il en fit présent à la Cour de France, voilà le sujet de l'Ambassade et certes la Cour de Versailles* [*6*] *n'en a jamais reçu de moins onéreuse, malgré tous les frais qu'elle a faits pour celle-cy. Le fils de celui qui nous a traités si généreusement a perdu ses états par la faute incompréhensible que fit M. de Malartick, gouverneur de l'isle de France, où il engageait dans une espèce de manifeste des Officiers français à passer au service de ce prince. Les Anglais pour lors, en guerre avec nous, et qui ne demandaient qu'un prétexte pour lui déclarer la guerre saisirent avec empressement l'occasion que présentait ce manifeste lancé si maladroitement. Le fils de*

de plus revêtu de pleins pouvoirs et du titre d'Ambassadeur. Le jeune roy de Cochinchine, lui avait été confié par son père au moment de sa mort en lui recommandant [96/*9*] de vouloir bien lui servir de mentor, il ne pouvait assurément mieux choisir. Toutes ces circonstances engagèrent M. de Montmorin, alors à la tête du ministère à accorder à la demande du jeune roy de Cochinchine deux corvettes de 18 canons avec leurs équipages et un secours de 800 hommes de troupes françaises — ce qui avait été jugé suffisant par M[r] d'Adran ; le ministère s'engageait à fournir plus de monde si les 800 hommes n'étoient pas suffisant, pour remettre le jeune roy sur son thrône ; la Cour de France fut encore plus généreuse car dans [la] suite le roy donna ordre de faire présent au jeune prince de Cochinchine de deux corvettes et les ordres furent [*10*] expédiées au Gouverneur de Pondichéry d'équiper sans délais les deux Corvettes et de détacher les 800 hommes de cette

[95/*7*] *Tipoo, qui pour la bravoure et le courage ne valait pas à beaucoup près son père avait à son service quelques officiers français mais il s'en fallait beaucoup qu'il suivit leurs sages conseils, il est vrai que parmi les officiers il y avait plusieurs intriguants qui s'occupoient plus du soin de remplir leurs poches que de la gloire du nom français. Tipoo fut tué et sa Capitale prise d'assaut, ses fils sont aujourd'hui prisonniers. Il est de l'honneur du gouvernement français actuel de prendre la cause d'un allié qui nous a traités si généreusement et ce qui* [*8*] *ne contribura pas peu à nous faire dans l'Inde des amis dont nous avons aujourd'hui si grand besoin et une réputation de justice bien méritée* (R.).

Les idées exprimées dans les trois alinéas suivants sont reproduites sous une forme différente dans S. C., p. 122, 223 ; il y a quelques détails supplémentaires dans R.

garnison comme étant plus en état de faire la guerre dans un pays aussi chaud que la Cochinchine.

La cour de France avait profité d'un moment aussi favorable pour faire avoir aux Français et plus particulièrement à la Compagnie des Indes quelques prérogatives en Cochinchine au cas que le roy rentrât dans ses possessions, comme celles d'avoir quelques établissements sur cette côte avec des facteurs pour faire exclusivement le commerce de ce pays, avec la cession totale de l'isle de Pulo-Condor à quelques lieues de la Côte de Cochinchine. Cette [97/*11*] cession dont j'ai vu la copie est signée de M^r^ l'Evêque d'Adran, comme ministre plénipotentiaire, de Mr de Montmorin et du Roy.

En exécution des ordres de la Cour de France, M. de Cossigny [1], alors gouverneur de Pondichéry, équipa deux corvettes où il ne pu placer que 250 hommes de débarquement, il donna le commandement d'un de ces bâtimens, qui ne faisoient point partie de la *marine royale* à un de ses parents M. J^n^ d'Ayot [2] qui a beaucoup contribué au succès de ce prince, et l'autre à M. de Marigny ou Martigny [3], avec ordre

1. Remarquer que Cossigny ne commandait plus alors à Pondichéry ; c'était Conway. H. M. P. A., ch. V, § 3 ; ch. VI, § 2.

2. Dayot était en effet parent de Cossigny ; ci-dessus, p. 27.

3. Ce nom apparaît pour la première fois dans un document de l'époque relatif à la Cochinchine. Le registre des nominations, promotions, etc., d'officiers civils et militaires dans l'Inde de 1783 à 1791 (*Arch. Nat.*, Col. D[2] C. 180) contient bien les noms de Marigny et de Montigny, mais aucun de ces deux officiers, — l'un capitaine, l'autre colonel, — ne paraît avoir pu tenir le rôle décrit par R.

de se mettre aux ordres du jeune Roy de Cochinchine, qui était de retour de son voyage en France, ainsi que [*12*] Mr d'Adran.

A son arrivée, le jeune prince trouva presque tous ses Etats envahis par les Tayssons *(sic)* ou rebelles, il ne lui restait plus que la ville de Saigon, située à l'extremité Nord de ses Etats, qui lui avait été conservée par ses partisans avec quelques troupes et un assez grand nombre de Champans de guerre ayant à leurs bords des équipages nombreux et qui lui étaient entièrement dévoués. Ce prince était dans cette position lors que les deux corvettes arrivèrent devant Saïgon. Ce secours ne lui fut pas d'abord d'une grande utilité. Les Européens nouvellement débarqués furent presque tous atteints [98/*13*] des maladies que procure un climat humide et mal sain joint à une nourriture auxquels ils n'étaient point accoutumés, beaucoup succombèrent et le reste étant mal payés (le Roy n'ayant point de revenus) déserta en partie et s'embarqua à bord de batiments de commerce portugais. Les corvettes ne lui furent guère plus utiles, elles étaient mouillées, à l'entrée de la rivière de Saïgon avec la flotte de Champans et empêchaient seulement la flotte ennemie d'entrer dans le pays par cet endroit [1].

L'armée des Tayssons devint encore plus audacieuse en raison de ses succès, elle porta le siège devant Saigon désirant pour achever sa [*14*] conquête de la Cochinchine prendre cette ville avec le jeune

1. Cf. S. C., p. 223.

roy, elle ne put exécuter entièrement ce dessein parce qu'elle ne put bloquer la ville que par terre, les corvettes et la flotte cochinchinoise les ayant repoussés plusieurs fois avec une grande perte de leur part de l'entrée de la rivière de Saigon, ce qui fut très heureux pour le jeune roy. Car peu de tems après l'armée qui le tenait assiégé s'empara de la ville d'assaut et le roy n'eut que le tems de se jeter dans un batteau avec quelques-uns des siens, pour aller rejoindre sa flotte, le péril était d'autant plus grand pour lui [99/*15*] que les ennemis occupaient les deux côtés de la rivière jusqu'à la mer, et qu'un coup de fusil portait d'un bord à l'autre. Il échappa à tous ces dangers et arriva à sa flotte sans malheur [1].

Il ne lui restait alors pas un pouce de terre en Cochinchine, et dans cette position il se rappella que le Roy de Siam avait promis de le secourir et il résolut d'aller en personne à cette Cour, pour intéresser ce Prince par la relation de son dernier malheur ; il emmena sa flotte avec lui ainsi que les deux corvettes, et lui fit jetter l'ancre dans les isles qui sont à l'entrée de la rivière de Siam, ce qui fut très prudent de sa part comme on [*16*] le verra dans la suite ; pour lui il se rendit à la capitale siamoise suivi de quelques mandarins.

Le Roy de Siam le reçut assez bien, promit qu'il

1. Tout ce paragraphe et la majeure partie de ce qui suit n'a pas trouvé place dans S. C., à l'exception toutefois d'un résumé des passages sur Olivier et sur Dayot (p. 225).

tiendrait sa parole, assigna aux mandarins cochinchinois de sa suite des subsistances et accorda des vivres à sa flotte qui était composée de près de 6.000 hommes et qui eut ordre de rester au même endroit où elle avait mouillé.

Le chef des Tayssons son oncle maître de toute la Cochinchine ayant appris que le jeune roy s'était réfugié à la cour de Siam, fit faire par dessous main des propositions au Souverain de cette Cour de lui livrer [100/*17*] le jeune Roy, promettant pour prix de cette action la cession de plusieurs provinces fort à la convenance des états de Siam ce qui avait engagé ce souverain à accéder à la demande du Taysson, les princes asiatiques étant peu délicats lorsqu'il s'agit d'interests.

Le jeune roy de Cochinchine apprit par quelques-uns de ses affidés ce qui se tramait contre lui, et n'ayant pas assez d'expérience pour agir d'après ses propres lumières dans une circonstance aussi délicate, fut consulter dans le plus grand secret M^r d'Adran (qui ne l'avait pas abandonné dans son malheur) sur le parti qu'il avait à prendre.

[*18*] M^r d'Adran lui donna, dans cette position désespérée le sage, mais téméraire conseil de former de suite une Expédition avec ce qui lui restait de monde sur ses Champans et d'aller attaquer la Capitale qu'habitait le Chef des Tayssons, qui ne pouvant s'attendre à un projet aussi extraordinaire et à une pareille entreprise pourrait être pris au dépourvu et sans deffense.

Le Roy de Cochinchine exécuta ce plan avec

beaucoup de sagesse et s'esquiva de la Cour de Siam sous prétexte d'aller voir les Champans et les corvettes et fit mettre sur le champ à la [101/*19*] voile et arriva devant Saigon, sans que l'on put s'en douter, où le chef des Tayssons faisait sa résidence, l'emporta presque sans résistance ; le chef rebelle ne s'attendant point à une pareille visite n'avait autour de lui que peu de soldats pour sa garde, ses troupes étant rentrées dans leurs foyers — comme cela se pratique en Cochinchine en tems de paix. Le jeune roy mit beaucoup d'activité dans son opération et se rendit maître de la ville, mais le chef des Tayssons lui échappa, le laissant maître des trésors qu'il avait amassés, ainsi que de quelques magasins de vivres, ce qui donna au jeune roy de suite les [*20*] moyens d'augmenter son armée.

Le roy de Siam fut très faché de voir ainsi échapper l'occasion d'agrandir ses états, il eut même la maladresse d'en témoigner de la mauvaise humeur sans prévoir les suites fâcheuses qu'une telle conduite pourrait avoir. Il fit enfermer tous les mandarins cochinchinois que le jeune prince n'avait pas osé emmener pour ne pas donner à soupçoner ses projets et qui étaient restés à Siam ; ils ne furent relachés que lorsque le jeune roy devenu plus puissant écrivit au Roy de Siam pour lui reprocher une conduite aussi déloyale et dont il conserve un souvenir qui pourra bien [102/*21*] un jour coûter cher à ce prince qui aujourd'hui est hors d'état de pouvoir lui résister.

L'argent que le jeune roy de Cochinchine trouva

à Saigon, le mit à même de lever de suite une armée de terre pour suivre ses succès, ce fut à peu près dans ce tems que Mr Olivier, français devenu depuis son ingénieur en chef entra à son service.

M. Olivier était un jeune homme d'une grande espérance et rempli de connaissances, il était garde marine à bord d'un des B^ts de la Cie française qui toucha en Cochinchine allant en Chine, ayant appris [*22*] que le roy guerroyait et désirait avoir des Européens à son service, se sauva du bord et fut lui offrir les siens, ils furent acceptés. Ce prince n'eut pas lieu de s'en repentir, car à une parfaite connaissance des fortifications, et de l'art militaire, Mr Olivier joignait beaucoup de valeur et d'activité deux qualités bien essentielles dans un chef militaire. Le Roy de Cochinchine lui doit en partie ses succès, les plans de plusieurs places fortes, la création de plusieurs arsenaux. Il fut élevé au premier grade comme chef ingénieur à la tête des arsenaux, et Command^t un corps de trois mille hommes qui composait la garde du roy et qui avait [*103/23*] été formé par lui aux manœuvres Européennes. Mais il se dégouta par la suite de ce service étant mal récompensé et pour des désagrémens particuliers que les grands mandarins procurèrent aux français au service du Roy de Cochinchine et que j'expliquerai dans la suite.

L'activité des Français entrés au service du Roy de Cochinchine jointe aux canons et aux fusils qui lui furent donnés par la France, ne contribuèrent pas peu à le rendre maître de son royaume en assez peu de tems. Mr Olivier fortifiait les postes de l'armée par de bons retranchemens garnis de canons manœuvrés à l'Européenne, et cette manière si nouvelle en Cochinchine de [*24*] faire la guerre, rendit les Tay-sons extrêmement timides étant battus toutes les fois qu'ils se présentoient devant les troupes du Roy, et ne pouvant soutenir la supériorité des feux dirigés par M. Olivier et souvent attirés et arrettés par des fortifications dont ces peuples n'avaient aucune idée.

Si les Chefs des Tay-sons avaient appellé des Européens à leurs services en les bien payant et qu'ils se fussent servis de la même manière de combattre ils seraient encore aujourd'hui maîtres d'une partie de la Cochinchine.

Le Roy de Cochinchine ne négligeait pas non plus la marine [104/*25*], il était présent à tous les travaux, tant dans les nouveaux arsenaux militaires que dirigeait Mr Olivier que dans ceux où l'on travaillait pour la marine, qui étaient confiés aux soins de Mr Jn D'Ayot. Cette marine dont Mr D'Ayot était l'âme et le Chef, suivait le long de la côte les mouvemens de l'armée de terre, lui portait des vivres ; et si celle des ennemis osait se présenter, la supériorité des manœuvres et des feux des corvettes la forçait bientôt à prendre la fuite. Le jeune Roy encourageait ces Messieurs par sa présence, il forçait les mandarins à veiller à ce que les ordres que donnoient les Chefs Européens fussent [*26*] très sévèrement exécutées et de là naquit la haine que les mandarins portèrent à ces messieurs.

M[r] D'Ayot après avoir séjourné quelques tems dans ce pays, y attira son frère Mr Félix D'Ayot, jeune homme plein de talent et aujourd'hui marin très distingué. Ils construisirent ensemble plusieurs B[ts] qui furent d'un grand service au prince, et dressèrent en suivant l'armée le plan des côtes en Cochinchine, ouvrage fort intéressant pour la marine et qu'ils offrent en ce moment au public [1].

C'est ainsi qu'avec l'aide de ces messieurs et de quelques [*27*] autres français attirés par M[r] l'Evêque d'Adran ce prince est rentré non seulement dans ses états, mais est encore parvenu à ajouter à son royaume deux nouvelles conquêtes le Camboge et le Tonquin qui le rendent un des plus puissants princes de l'Asie et qui le rendront encore plus redoutable par la suite si comme il y a toute apparence, il continue à faire servir son Génie — naturellement militaire et ambitieux, à l'usurpation de quelques provinces sur la Chine ou sur le royaume de Siam, dont le souverain l'a si maltraité lors de son émigration *(a)*.

[*28*] Les Français à qui ce prince a tant d'obligations ont été bien mal récompensés de leurs loyaux services surtout depuis la mort de M[r] l'Evêque d'Adran qui, comme son mentor, avait conservé

(a) Par la dernière lettre que j'ai reçue de M[r] d'Ayot, il me dit qu'il vient d'apprendre avec certitude que le roy de Cochinchine faisait les préparatifs pour s'emparer de l'isle de Hainan. Janvier 1807 (R.).

1. Voir, sur les cartes de Dayot, notre Introduction, ci-dessus, p. 30-33.

toute autorité sur son pupille. M[rs] D'Ayot et Olivier l'ont quitté, après l'avoir servi plus de 8 ans sans qu'il ait rien fait pour leur fortune ce qui cependant lui était très facile. Le désagrément que les mandarins et le roy procura *(sic)* à M[r] d'Ayot fut la cause de cette désertion, il ne reste aujourd'hui à son service que trois ou quatre Français qui dans le tems de ces messieurs servaient en sous-ordres ; ce sont : Mrs Vannier la xx [106/*29*] le xxxxxx qui sans fortunes, jouissent du titre de mandarins et qui comme Etrangers sont sans cesse en but *(sic)* aux mandarins Cochinchinois qui voyent avec peine que par leurs talens le roy défère souvent à leurs conseils. Ces M[rs] ont rendu dernièrement un bien grand service à leur Patrie en fermant aux anglais le commerce de ce pays, et que je ne dois pas passer sous silence ; quelques Missionnaires français ont aussi le rang de Mandarins, mais comme ils ne s'entremettent pas dans les affaires de la Cour ils ne portent aucun ombrage.

Voicy ce qui a donné lieu au mécontentement des Français :

M[r] J[n] d'Ayot qui [*30*] comme j'ai eu l'occasion de le faire voir, s'était distingué au service du roy par son zèle et son activité s'était acquis la confiance et l'amitié de ce prince auquel il avait rendu des services importans. Cette confiance déplaisait aux grands mandarins avec qui M[r] d'Ayot avait eu quelques différends au sujet des vexations que ces mandarins commettoient dans son service en mettant à contribution les malheureux Cochinchinois qui amenaient des bois à l'arsenal de marine en leur faisant payer autant que possible pour la réception, (Mr D'Ayot ne devant les visiter que lorsqu'il les mettaient en œuvre) ce qui empêchait leur arrivée. Il s'en plaignit au Roy [107 /*31*] qui lui donna satisfaction et les mandarins voyant une branche de pillage si lucrative fermée pour eux, conjurèrent la perte de Mr D'Ayot, ce qui était alors assez difficile ; ils échouèrent plusieurs fois dans leur entreprise, mais un jour qu'il était absent de la corvette qu'il commandait, il survint un tiffon (ou coup de vent des mers de Chine) et le Bâtiment fut jetté à la côte d'où on ne put le relever. Le roy qui dans ce moment méditait une Expédition fut on ne peut pas plus sensible à la perte de ce navire, et les mandarins qui l'entouraient lorsqu'il reçut cette nouvelle lui firent pressentir que ce Bâtiment n'avait été jetté à la côte que par le peu de [*32*] soin de Mr D'Ayot et pour retarder son Expédition. Le roy sur ce faux rapport ordonna que sur le champ et sans entendre Mr D'Ayot, on le mit à la cangue *(a)* pour être jugé dans le plus court délais, conformément au délit que ses ennemis lui imputaient, ce qui lui assurait une mort certaine. Les amis de Mr d'Ayot se jetèrent à la traverse, ce qui retarda son jugement

(a) La cangue est une pièce de bois fort pesante et large de quatre pieds en quarré que l'on met au col du délinquant, comme la tête est au milieu de la planche on est obligé de lui [*33*] *donner à manger comme à un enfant, il ne peut dormir dans cette position gênante. Les cangues sont plus ou moins pesantes il y en a de 50 à 150 livres* (R.).

et malheureusement M. l'Evêque D'Adran était dans ce moment absent de la Cour, Il passa ainsi quatre jours en prison à sa cangue, sans que le roy voulut entendre [108/*33*] parler d'améliorer son sort ; enfin l'Evêque D'Adran arriva, et fut de suite trouver le prince lui fit sur sa conduite les reflexions qu'elle méritait, et lui représenta fortement que l'injustice qu'il allait commettre devait dégoûter pour jamais les Français qui étaient à son service et que cela pourrait lui causer de très grands préjudices, le roy qui avait pour M[r] d'Adran la plus profonde vénération déféra à son avis et M. d'Ayot fut délivré.

Ce prince fit venir M. d'Ayot à son audience et il n'eut pas de peine à se disculper, le roy [*34*] sentant le tord qu'il avait eu désira le réparer, mais il était trop tard. Son injustice avait laissé dans le cœur de M[r] D'Ayot des traces trop profondes pour être aussi vite oubliée, d'ailleurs des scènes de cette nature pouvoient encore se renouveller, ces ennemis les mandarins cochinchinois étant gens à faire naître d'autres calomnies ; il resta encore quelques mois pour la forme au service et demanda sa démission ainsi que celle de son frère de manière à ce que le roy ne put la refuser. Peu de tems après ce prince fut convaincu de l'infidélité des Mandarins qui avaient été la cause du traitement qu'il avait infligé à M[r] D'Ayot [109/*35*] et il les fit exécuter.

Tous les français furent bien vivement pénétrés de la punition infligée sans raison à leur compatriote et leur chef ; Mr Olivier surtout voyant qu'un jour il pourrait lui en arriver autant malgré la haute faveur dont il jouissait, résolut de quitter un aussi dangereux service et de donner sa démission. Le roy malgré son travail très assidu et plusieurs campagnes victorieuses n'avait rien fait pour sa fortune.

Lorsqu'il se fut expliqué sur ses projets au roy, ce prince parut sentir vivement la perte qu'il allait faire, il lui dit que les circonstances l'avoient empêché jusqu'ici de faire quelque [*36*] chose d'avantageux pour sa fortune mais qu'il allait s'en occuper, Mr Olivier croyant que c'était une feinte pour le retenir, connaissant son avarice extrême insista ; alors le roy lui dit : « Si j'étais votre souverain je pourrais vous retenir de force à mon service, et vous empêcher de me quitter, comme mon sujet, mais ne l'étant point, je ne puis m'opposer à votre dessein, comme je ne puis sans ingratitude oublier les services que vous m'avez rendus, je vous donne une geolette *(sic)* que vous pourrez charger d'arrêk *(sic)* que vous prendrez dans mes magasins. Je vous donne aussi la permission de venir dans tous les ports de mes états pour [110/*37*] commercer sans payer aucun droit » *(a)*.

Mr Olivier partit avec sa geolette chargée d'Arrek pour Macao où son chargement fut vendu 3.000 piastres. Il retournait en Cochinchine avec le même Batiment où il avait chargé quelques marchandises propres à l'usage de ce pays, lorsqu'il fut attaqué

(a) Les droits en Cochinchine se payent en entrant. Ils sont fixés à 3.000 *piastres par navire grand ou petit* (R.).

à l'entrée d'un des ports d'une dissenterie dont il mourut[1]. Le roy le regretta bien vivement et sachant qu'il retournait dans ses états, il se flattait encore de l'espérance de le voir revenir à son service.

Lorsque M^rs^ D'Ayot [*38*] partirent de Cochinchine, ils se rendirent à Manille et le roy qui avait encore des projets de conquêtes leur faisoient *(sic)* dire par toutes les occasions, qu'il désirait beaucoup les revoir en Cochinchine et qu'ils pourroient rentrer à son service mais ce n'étoit nullement leur intention.

Cependant un événement y ramena M^r^ J^n^ d'Ayot, la récolte du riz ayant manqué à Manille le Gouverneur D^n^ Raphael Maria D'Aquilar l'engagea à en aller chercher un chargement en Cochinchine, il lui fit même avoir pour cette expédition une somme des Régidors de la ville, ce voyage offrant des résultats avantageux pour lui dans [111/*39*] un court espace de tems *(a)* il se décida à l'entreprendre.

M^r^ d'Ayot arriva effectivement à la Cour de Cochinchine avec quelques présens pour le roy et les grands mandarins en place. C'est une affaire de style dont on ne peut se dispenser, ce prince le reçut avec beaucoup d'amitié, non seulement lui accorda

(a) En partant de Manille sur la fin de la mousson du NE on arrive en 8 jours en Cochinchine et on peut en repartir au commencement de la mousson de l'Ouest (R.).

1. Olivier mourut à Malacca le 22 mars 1799 ; il était resté environ dix ans au service du prince annamite, étant arrivé en Cochinchine, ainsi qu'il est fort probable, au mois de septembre 1788.

le chargement de riz qu'il demandait, mais encore l'exempta des droits à payer ; ordonna que le riz serait délivré de ses magasins au plus bas prix malgré que la récolte en Cochin [*40*] chine n'eût pas été abondante cette année. Il lui fit présent d'un habit de cour pour qu'il se présentat devant lui à la Cochinchinoise et ajouta de nouveaux titres de mandarins à ceux dont il l'avait déjà revettu lors de son séjour, il fit plus il l'exempta à l'avenir de payer les droits lorsqu'il aborderait dans ses Etats ; tant de nouveaux privilèges ne tentèrent pas Mr d'Ayot de rentrer à son service. D'ailleurs, Mr l'Evêque d'Adran était mort et il ne restait plus d'européens assez puissants pour empêcher les injustices que le roy aurait pu commettre dans des momens de vivacité et [112/*41*] dont Mr D'Adran seul pouvait empêcher ou retarder l'exécution. Mr D'Ayot a été depuis plusieurs fois en Cochinchine, toujours parfaitement accueilli, mais je dois parler ici de l'homme à qui le prince doit non seulement son éducation mais encore ses états.

Mr l'Evêque d'Adran fut jetté comme Missionnaire en Cochinchine et le hazard avait placé le séjour qu'il était forcé d'y faire près de la Cour du père du roy actuel dont il devint l'ami et qui à l'instant de sa mort l'envoya chercher et lui recommenda son fils qui était en bas âge ; lors de la révolte de l'oncle [*42*] et tuteur du jeune prince, il le prit sous sa protection et l'emmena en France pour y demander le secours qui lui a été si utile. Mr d'Adran se borna en homme d'âge à donner à son élève royal les principes généraux de la morale (dont il a peu profité) sans s'occuper de sa religion, sentant bien que si il lui en faisait changer cela déplairait beaucoup aux grands mandarins Cochinchinois qui suivent avec beaucoup d'exactitudes les rites établis par Confucius (que les Chinois nomment Gong-fou-zée) ny ayant absolument que la classe la plus pauvre et la moins estimée du peuple qui consente à suivre celle du catho [113 /*43*] licisme, il se contenta lorsque ce prince fut rentré dans ses états d'obtenir de lui une grande tolérance pour les Catholiques Cochinchinois, qui auparavant étaient extrêmement vexés par les mandarins, ainsi que son agréement pour la formation de collèges pour l'instruction de la jeunesse qui suit cette religion, ainsi que celle d'établir plusieurs séminaires pour les Cochinchinois que les missionnaires jugent assez instruits pour leur administrer la prêtrise ; il a traduit pour son élève plusieurs ouvrages français en Cochinchinois principalement sur la tactique et les fortifications et il en a fait sans contredit le Cochinchinois de ses états le plus instruit et le plus capable, car je tiens de tous les [*44*] français qui ont été dans ce pays et plus particulièrement de M^r^ D'Ayot que ce prince a une teinture générale des sciences et que continuellement il s'occupe à lire les ouvrages traduits par M^r^ D'Adran et qu'il joint à une grande envie de s'instruire celle d'égaler les Européens.

Ce prince dont il a fait l'éducation et en général tous les mandarins Cochinchinois ont toujours regardé M^r^ d'Adran comme l'homme de la plus haute considération, et d'une classe fort supérieure à la leur, il n'a jamais excité leur jalousie par état ; cette considération était encore relevée par l'amitié qu'avait pour lui le roy, qui comme son second père l'appellait le Grand Maître. On ne doute pas que s'il eut vécu, il eut beaucoup contribué à adoucir l'horrible boucherie que ce prince fit des Chefs tay-sons lorsqu'ils furent en son pouvoir.

M[r] D'Adran jouissait à la cour de son élève des mêmes avantages que lui, il s'asseyait à la même hauteur que le prince, et lorsqu'il ne paraissait au palais le prince allait lui faire visite chez lui ce qui arrivait souvent vers la fin de ses jours étant devenu d'un embonpoint extrême ; il avait une suite et une garde nombreuse, une [*46*] maison de campagne avec un jardin à l'Européenne à quelques lieues de l'habitation du Roy. Il s'occupait beaucoup des nombreux catholiques qui sont en Cochinchine, ainsi qu'à faire des observations astronomiques ; je sais de science certaine qu'il existe dans ses malles, qui sont encore en Cochinchine, d'excellens mémoires sur ce pays et que le roi attend qu'il se présente quelqu'un de sa famille pour lui en faire la remise, il serait bien fâcheux que ce travail fut perdu.

Lorsqu'il mourut le roy lui fit les mêmes obsèques qu'à son père, il donna des marques [115/*47*] de la plus profonde douleur il porta long-tems son deuil et prouva combien il lui était attaché, il lui a fait bâtir un magnifique tombeau dans la maison de campagne qu'il habitait et que M[r] d'Adran a laissé aux missions ; sur le sarcophage sont étendus des tapis d'une grande richesse, où sont écrits en lettres d'or ses titres Cochinchinois, la pluspart sur velours rouge. Les plus grands mandarins lorsqu'ils vont visiter ce lieu doivent marcher plus de 50 pas sur les genoux à la mode asiatique. On rend à sa tombe les mêmes honneurs qu'on lui rendait pendant sa vie, des gardes sont payés pour [*48*] y veiller continuellement ; le roy ne borna pas là sa magnificence pour la mémoire d'un homme à qui il avait tant d'obligations, il assigna à toute la nombreuse maison de Mr D'Adran le même traitement qu'il leur faisait pendant sa vie et jusqu'au cheval que montait son mentor reçut les invalides dans son jardin.

Peu de tems après la mort de Mr d'Adran, le roy fit la conquête du Tonquin, ce qui le rendit plus puissant, mais pas plus humain, comme on le verra dans les notes de M. de la Bissachere, mais je dois dire un mot du caractère de ce prince.

Le Roy de Cochinchine a un caractère mélangé de bonnes et de mauvaises qualités, il a de la sensibilité et de la férocité ; il possède plus d'instruction sans-contredit qu'aucun de ses sujets, mais comme tous les asiatiques, il croit savoir beaucoup plus qu'il ne sait effectivement, il a montré par les conseils de Mr Olivier de la bravoure et du sang-froid, il est vrai de dire que les victoires et les avantages qu'il a remportés sur ses ennemis n'étoient à proprement dire que des coups de mains fort sanguinaires pour les tay-sons, mais très peu pour les siens grâces aux soins des canons dirigés par les Français, et j'ai ouï dire par des témoins oculaires que les plus fortes [*50*] batailles n'ont jamais coûté plus de cinq minutes de combats, car quand la déroute était établie parmi les ennemis, le carnage devenait horrible et impossible à empêcher (la coutume asiatique étant de la part de ceux qui sont en déroute de se laisser égorger sans se deffendre, la pluspart jettant leurs armes pour courir plus vite, ne connaissant pas l'art des retraites, ce qui rend les batailles dans ce pays beaucoup plus sanglantes et dangereuses après l'action que pendant le moment même du combat *(a)*. Le roy joint à une extrême ambition si [117/*51*] naturelle aux princes heureux une très grande avarice. On peut dire que dans son pays, lui seul est riche, et les peuples qu'il a sous son autorité, sont tous dans la plus extrême misère, par les vexations inouïes des petits mandarins, qui à leur tour sont volés et vexés par les grands mandarins de la Cour, et le roy en les faisant décoller s'empare des biens et de l'argent qu'ils ont si injustement acquis ; des exemples, aussi sévères qu'ils sont fréquens, n'empêchent pas les autres d'en faire tout autant, lorsque l'occasion se présente. Il parait que le sistème du vol est inné chez tous les peuples de l'Asie, mais encore plus particulièrement chez les Chinois et [*52*] les Cochinchinois.

On prétend que le prince possède des trésors considérables, mais surtout beaucoup d'or en Barre qu'il enfouit, etant fort attaché aux espèces il paye

(a) Les Chinois et leurs voisins payent comme les turcs, tant par tête d'homme tué· de sorte que les malheureux paysans sont souvent égorgés pour avoir la somme promise (R.).

les mandarins en ligatures de sapecs que l'on tire de son trésor, jamais il ne paie en argent. Les mandarins européens en envoyent chercher sur leurs chappes *(a)* pour la valeur de 150 piastres par mois pour payer leurs dépenses courantes de maisons de femmes et domestiques, ou soldats qui à raison du grade du mandarinat sont toujours extrêmement nombreux. [118/*53*] Le riz leur est aussi livré des magasins du roy sur leurs bons ce prince leur donne quelquefois la liberté de prendre la paye qui leur revient en arrek qui aussi est tiré du même endroit, et qu'ils vendent aux portugais pour avoir quelques piastres, ainsi il est aisé de voir qu'il est impossible de faire fortune à son service. Ce que j'ai dit ici est commun pour tous les missionnaires qui sont élevés aux différens grades de mandarins. Le roy leur passe en outre un bateau armé la coutume étant de faire beaucoup de voyages par eau.

Pour mieux faire connaître l'avarice du roy de Cochinchine je dois rapporter deux traits qui sont à [*54*] la connaissance de tout le monde.

Ce Prince à l'usage de Chine a pour monnoie des sapecs qu'il fait battre à son coin et qui doivent être de cuivre pur ; il les donne en payements pour tous les ouvrages qu'il commande, ainsi que pour la paye des soldats et il fit glisser du casin dans la fabrique de ses sapecs, ce qui les rendit aussi cassants que du verre de sorte qu'on pouvait à peine s'en

(a) Espèce de sceau que donne le roy aux mandarins, où est exprimé (sic) *les titres qu'ils possèdent* (R.).

servir pour les compter ; par cette fraude et ce manque à la foi publique il gagna considérablement.

Ce prince si puissant et si riche fait donner à son cuisinier pour la dépense de sa [119/*55*] table une demie piastre par jour ou une ligature de denier. Le cuisinier avec des soldats se rend au marché, ne paye rien prenant aux marchands tout ce qui peut lui convenir au nom du roy, les soldats qui l'accompagnent en font autant pour leur propre compte sans que les [marchands] maltraités osent se plaindre, de sorte que la table du roy qui comme on le voit doit être très frugale, n'est servie que du pillage de ses domestiques ; il est vrai que la coutume en Cochinchine est de manger seul et les jambes croisées à la mode orientale, et d'avoir comme les Chinois une grande quantité de petits plats.

Ce prince a toujours à sa Cour une grande quantité de [*56*] mandarins debout sur deux files l'une à droite l'autre à gauche de l'endroit où il a son siège, et qui attendent ses ordres, qu'il donne toujours le soir tems où les mandarins lui font leurs rapports à genoux. Le nombre de ses mandarins monte toujours de 7 à 800, qui en sa présence ne doivent pas bouger et se tenir de bout à moins que le prince ne les appelle alors ils se rendent vis à vis de lui et se mettent à genoux pour recevoir les ordres qu'il a [à] leur donner.

Le palais sans être somptueux est un beau Batiment Cochinchinois. Ce sont de grandes salles à colonnes de bois rouge [120/*57*] assez bien travaillé ; tous les mandarins, chefs des corps militaires, doivent assister à son audience journalière, au moins un par corps pour savoir si il n'a pas quelques dispositions à leur ordonner.

On aurait cru que les conquêtes et les suites de son bonheur lui auraient ôté le caractère féroce et aurait développé en lui les idées de grandeur et de générosités qui accompagnent presque toujours les princes heureux et guerriers, mais on a remarqué par le supplice de barbarie rafinée qu'il a fait subir à la famille entière des chefs révoltés des tay-sons que les victoires ne l'avaient pas du tout [*58*] fait changer de caractère, qu'il lui restait toujours cette teinte de férocité si commune aux souverains de l'Asie. Depuis qu'il a vaincu ses ennemis et qu'il jouit de la paix il s'enferme avec ses femmes, ce qui ne contribuera pas peu à lui ôter l'énergie qu'il a d'abord déployée dans ses jeunes années ; cependant, lorsqu'il s'agit d'affaires d'intérest, il est toujours prêt à donner audience.

Il me reste à parler de l'entreprise qu'avait formé le Gouvernement anglais d'avoir un établissement en Cochinchine pour en faire le commerce seul et des raisons qui l'ont empêché de réussir. [121/*59*]

A peine le Gouvernement anglais du Bengale avait-il appris les étonnans succès du nouveau roy de Cochinchine, qu'il résolut d'y envoyer une Ambassade pour chercher à faire avec ce prince un traité de commerce qui aurait été d'un grand avantage pour les intérests de la compagnie, et qui aurait entièrement fermé l'entrée de ce pays aux Français. Il s'agissait de plus de proposer à ce prince la cession

d'un port commode et sûr où les bâtimens anglais pourroient relâcher et se radouber en allant en Chine et où ils auroient formé un établissement.

Mr Roberts aujourd'hui [*60*] chef de la Compagnie anglaise à Canton fut choisi par les directeurs et envoyé à cet effet en qualité d'Ambassadeur auprès du roy de Cochinchine. Sans trop m'étendre sur les qualités particulières de M. Roberts, je dois dire qu'il était extrêmement en état de faire réussir une pareille entreprise depuis longtemps supercargue de la Compie en Chine il est parfaitement au fait des usages et des moyens qu'on employe en Asie pour parvenir au but que l'on se propose, Il était aussi porteur de présens considérables tant pour le roy que pour les grands mandarins qu'il fallait avant tout rendre favorable, il arriva ainsi [122/*61*] au port de Quin-Hône[1] nouvelle résidence du roy et demanda audience. Le prince le fit attendre quelque tems avant de lui indiquer le jour où il pourrait être introduit et Mr Roberts profita de ce moment pour disposer en sa faveur les mandarins par des présens considérables, et en leur faisant très adroitement entendre que le commerce qu'ils feroient avec les possessions anglaises, les enrichiroient *(sic)* beaucoup ce qu'ils n'eurent pas de peine à comprendre.

Mr Roberts ne voulut pas non plus être contrarié dans son projet par les mandarins Missionnaires

1. Gia-long se trouvait, au moment de l'arrivée de Roberts, à Hué et non pas à Qui-nhon.

français [1] qui sont à cette Cour, il leur fit entendre [*62*] adroitement que le Gouvernement anglais avait soutenu les prêtres français pendant leur émigration et les rapports défavorables qu'ils avaient reçus au sujet du Culte catholique pendant les moments de la révolution, les tenaient vivement indisposés contre leur patrie, de sorte qu'ils ne s'opposèrent d'aucune façon aux projets de l'envoyé ; seulement les français séculiers employés comme mandarins dans les armées au service du roy n'avaient point exprimé d'opinions mais il était douteux que les roy les consultât, ne jouissant pas à la Cour d'une aussi grande considération que celle qu'avaient autrefois M^rs^ d'Adran, Olivier et d'Ayot. D'ailleurs ces messieurs [123/*63*] pour être plus tranquilles ont choisi un séjour éloigné de quelques lieues de la Cour où ils ne se présentent que quand ils y sont appelés par leurs services, de cette manière ils évitent d'être inquiétés par les grands mandarins qui sont jaloux de ce que le roy les préfère à eux dans certaines occasions. Ces messieurs sont Mr Vannier et M^r^ [Chaigneau], tous deux marins et à la tête des ouvrages de leur Etat [2].

1. Le fait paraît exact. L. Cadière, *Documents*, p. 51, visant une lettre qu'il a vue aux archives des Missions-Etrangères, dit en effet : « L'ambassadeur semblait demander l'appui des missionnaires français, moyennant quoi le gouvernement anglais aiderait la Société des Missions-Etrangères pour établir un collège général à Poulo-Pinang. Les procureurs de Macao semblaient gagnés à la cause anglaise. Mgr La Bartette faisait au projet de nombreuses objections. »

2. Il est certain que Vannier et Chaigneau, quoi qu'en dise

Les Mandarins ainsi disposés Mr Roberts fut reçu à une première audience du roy et une partie des présens avaient déjà été acceptée, il y en avait pour des sommes considérables et dans tous les genres ; on y [*64*] remarquait des gravures d'une grand prix et bien faites pour éloigner ce prince de l'amitié des français, par les grandes obligations qu'il a au malheureux Louis XVI, le meilleur mais le plus foible des rois. Ces gravures étoient : *Son entrée au temple, Ses adieux à sa famille, Sa défense à la Convention nationale,* et *Son supplice (a).* On y avait joint celles qui devaient donner à ce prince une grande idée de la puissance anglaise comme les gravures sur *la prise de Seringapatnam*, et *la Mort de Tipoo-Saib* qui a fait tant de bruit dans l'Inde, ainsi que toutes [124/*65*] les victoires navales gagnées sur les Français.

Le Roy de Cochinchine avait reçu par les conseils de ses premiers mandarins une partie des présens, ce qui promettait à Mr Roberts un plein succès lorsque Mr Vannier et son Compagnon Mr [Chaigneau] se rendirent à la cour étant de service [1], le

(a) La Compagnie anglaise a gardé toutes les gravures qui ornent les salles de sa factorie à Macao (R.).

Sainte-Croix, jouissaient à la cour d'autant de crédit qu'en avaient pu avoir autrefois Olivier et Dayot ; ils avaient reçu un grade du second degré (seconde classe) des mandarins militaires, ce qui les plaçait haut dans la hiérarchie. Voir H. M. P. A., ch. IX, § 2.

1. En réalité Vannier fut envoyé à Tourane au devant de Roberts par le roi lui-même.

roy comme ayant peu de connaissance de la puissance anglaise voulut auparavant s'informer de quelques Européens pour connaître sa force ses ressources et l'étendue de son commerce etc., il fit venir Mr [Chaigneau] qui *lui parla deux heures à genoux* (à la manière des Cochinchinois) et à l'oreille pour [*66*] n'être point entendu de tous les mandarins qu'il savait être gagnés. Le roy lui ayant demandé des conseils au sujet de la demande de Mr Roberts d'un établissement dans ses états pour y faire le commerce, il fit à ce prince un tableau si frappant de la mauvaise foi anglaise qu'il étonna le roy et lui fit sur le champ changer de résolution, en lui disant que c'était sous *le même prétexte qu'ils* avaient commencé dans l'Inde et au Bengale qu'ensuite sous divers autres prétextes ils avoient fait venir d'Europe des soldats qui peu à peu avaient dépossédés tous les princes de l'Inde, et qu'il y avait toute apparence qu'ils [125 /*67*] désiroient traiter ainsi la Cochinchine (ce que je rapporte ici ne fut que la base de la conversation). Le roy après l'avoir écouté avec attention résolut sur le champ de renvoyer *les présens qu'il avait reçus (a) ainsi qu'une réponse,* par laquelle il n'accorde dans ses états, aux anglais que les mêmes droits et les mêmes sugessions *(sic)* qu'aux batimens de toutes les nations qui fré-

(a) Ils ont été rendus en Chine à Canton en 1803 (R.). Cette date *est erronée,* puisque la mission de Roberts eut lieu en 1804.

quantent son royaume *(b)*. Après cette réponse Mr Roberts partit [1].

[*68*] Je laisse à ceux qui liront ce mémoire à penser si nous devons rouvrir avec le roy de Cochinchine des liaisons de commerce ; mon avis après avoir visité pendant trois ans les contrées voisines de ce pays est pour l'affirmative, d'abord par les profits

(b) Les portugais de Macao y vont pour chercher de l'Arrek comme je l'ai dit, mais on y a pour eux le plus profond [*68*] *mépris ; il est vrai qu'il faut dire aussi que ceux qui fréquentent ce pays sont pour la pluspart des fils de Macao espèce de métis Chinois qui ne donnent pas grande idée de leur nation et que les* [*69*] *Cochinchinois rangent à peu près dans la même classe que les Chinois qu'ils n'aiment point* (R.).

1. Renouard de Sainte-Croix semble avoir été assez exactement informé sur la mission secrète confiée à Roberts par la Compagnie anglaise ; c'est à Macao ou à Canton sans doute, soit auprès des marchands, soit auprès des missionnaires qu'il a pris des renseignements. Comparer son récit à celui de Barrow *(op. citat.*, p. 281 et 346) et à ce que dit Crawfurd *(op. citat.*, p. 249, 255, 307, 515). Ce dernier fait savoir que la mission Roberts avait pour but : l'expulsion des Français, des acquisitions territoriales, le droit de résidence pour un agent anglais, « objects which were altogether unattainable » (515) ; le même auteur dit encore que Vannier, à propos des estampes offertes à Gia-long, lui fit des remarques « upon the indiscretions of some of the presents offered by us », et il rapporte que Gia-long aurait dit à propos de l'estampe représentant la mort de Tippo-Sahib : « The Governor General wishes to intimidate me, by exhibiting to me the fate of this Indian prince ». — Voir d'autres détails dans deux articles de M. H. Cordier *(T'oung-pào*, 1903, p. 218-9, 288, 307 et 311), dans une étude de Ch.-B. Maybon *(Les Anglais à Macao, Bull. Ec. fr. E.-O.*, 1906, p. 312) et dans le livre de M. P. de Joinville *(L'armateur Balguerie-Stuttenberg et son œuvre*, p. 398).

de négoce que nous pourrons y faire ; et en second lieu, pour en fermer l'entrée aux Anglais qui peuvent faire de nouvelles tentatives plus heureuses que les dernières et réussir.

[126/*69*] Le Gouvernement de l'Isle de France avait pensé sagement en y envoyant le corsaire du même nom avec des présens. Le Cap[e] m'avait même pendant son séjour à Manille demandé des renseignemens sur la Cochinchine, mais ayant été obligé de toucher à Sanbouanga isle de Mindanao les supercargues eurent disputes et empècherent le Capitaine [.........] qui n'était sorti de l'Isle-de-France qu'à la condition de remplir cette mission, de l'effectuer ce qui l'a mis dans le cas d'être vivement réprimandé du Gouverneur.

[127/*71*]

RÉCIT ABRÉGÉ DE QUELQUES CIRCONSTANCES

de la conquête du Tonquin par le ci-devant ROY DE COCHINCHINE NGU-YEN-ANH qui aujourd'hui porte le titre d'empereur GIALONG

Par Mr DE LA BISSACHÈRE, Missionnaire

Ngu-yen-anh [1] quoique né en Cochinchine est originaire du Tonquin et descend des grands Seigneurs ou maires du palais de ce royaume : il y a environ vingt ans que fuyant les tay-sons usurpa-

1. Le missionnaire appelle le prince de son nom exact Nguyên Anh et S. C. le suit fidèlement (p. 232). Mais Montyon (MN.) agit d'autre sorte : il le nomme Nguy-en-Chung (II, p. 163). A la rigueur, ce nom est acceptable car le prince, qui était de la famille des Nguyên, comme on le sait, avait reçu tout enfant le nom personnel de Chung. MN. n'était pas sans connaître ces détails — il les avait appris peut-être de La Bissachère lui-même — et les indique en note. Toutefois à l'époque où le prince luttait contre les rebelles, il ne portait plus depuis longtemps son nom de petit enfant, mais celui de Anh.

teurs de son pays, il errait sur les côtes du Royaume de Siam *(a)* où il fut même nourri quelques mois par les missionnaires [*72*] européens [1]. Mais bientôt il fut accueilli de rechef par le peuple de la province de Dou-nai [2] qui fait partie du Camboge, occupé ainsi que la Cochinchine et le Tonquin par les tay-sons ; il se maintient dans cette province sous le titre de *Chua* [3] par les secours de quelques vaisseaux européens *(a)* qui effrayaient les tay-sons et don-

(a) On voit que M. de la Bissachère a été mal instruit, voyez notre introduction (R.). C'est au contraire Sainte-Croix qui fait erreur. Voir H. M. P. A., ch. V, § 2.

(a) Les Bâtimens commandés par Mr d'Ayot, comme on a pu voir (R.).

1. Le fait est exact et il n'est pas étonnant que La Bissachère (L. B.) l'ait connu ; cependant il ne donne aucun détail ; S. C., reproduit le passage sans grand changement (p. 232, 3). Barrow (Bw), informé probablement par des missionnaires, indique (p. 256) que le prince fugitif, traqué par ses ennemis (en 1777), se cacha ainsi que les survivants de sa famille infortunée dans les branches épaisses d'un banyan, qu'il y demeura plusieurs mois et qu'il recevait chaque jour sa subsistance des mains d'un prêtre chrétien. — Il s'agit d'un prêtre, très dévoué à l'évêque d'Adran, Paul Nghi. (V. Maitre, *Documents sur Pigneau de Behaine, Revue Indochinoise*, 1913, 2e série, p. 344-347.) MN. reproduit en partie (II, p. 163) les données fournies par Bw. Voir ci-dessus, p, 55. le passage de Barrow reproduit et comparé à MN.

2. Dou-nai, erreur de copiste pour Don-nai (ou plus exactement Dông-nai) ; S. C. la reproduit exactement (p. 233). Quant à MN., il dit que Dong signifie Est (I, p. 15), et écrit Dong-nay (p. 22 et ailleurs), comme il a écrit Dong-kinh.

3. Chua, en annamite vulgaire ; chu en sino-annamite ; c'est le titre qui était donné aux seigneurs du Nord, du Tonkin, comme aux seigneurs du Sud, les Nguyên. Voir H. M. P. A., ch. I.

naient la chasse à leurs batimens ; si d'un côté celui-ci avait l'avantage sur mer accause que les canons et la poudre d'Europe porte bien plus loin que les pièces d'artillerie et la poudre fabriquée au Tonquin ; d'un autre côté les tay-sons [128/*73*] sur terre lui étaient de beaucoup supérieurs ayant de bons généraux qui n'avaient qu'à se montrer pour faire rembarquer les troupes qu'on débarquait dans les provinces de la Cochinchine ; les affaires restèrent long tems dans cet état lorsqu'enfin ce conquérant se hasarda à faire une tentative, il y fut comme forcé par les Tonquinois de son armée qui ennuyés de guerroyer si long tems sans aucun succès commençoient à l'abandonner. Il y fut aussi encouragé par l'avis de quelques Européens qui disaient que c'était un des plans conseillés par le feu Evêque d'Adran *(a)* [*74*], c'était à l'aide d'un vent favorable de tomber avec toutes ses forces réunies sur la ville royale de Cochinchine, résidence du jeune roy tay-son, nommé Cânts-thinh [1] où il restait avec peu de troupes, les nombreuses armées des tay-sons étant alors à quinze ou vingt journées de la capitale plus avant dans la province de Dou-nai ; il exécuta ce plan et se rendit

(a) Ce qui se rapporte à quelques différences près à ce que j'ai dit dans l'introduction. Mr de la Bissachère n'a pu savoir au juste tous ces détails, n'étant pas encore en Cochinchine (R.).

1. Faute de copie pour Canh-thinh. Le fils du troisième des Tay-son, succédant à son père au Tonkin en 1792, nommé Nguyên Quang-Toan, avait pour titre de période Canh-thinh ; c'est sous ce titre que L. B. et S. C. à sa suite (Cânh-Thinh, p. 236) le désignent. MN. écrit Canh-thin (II, p. 180).

avec facilité maître de la ville et du palais, le jeune roy tay-son eut à peine le tems de s'échapper sur des éléphans et de s'enfuir au Tonquin avec peu de suite, craignant qu'on le reconnut, et qu'on le tuât pour avoir l'or qu'il emportait, hors d'être apporté d'être pris *(sic)* par son [*75*] ennemi [1]. Il abandonna ses éléphans, se déguisa et se sauva avec deux de ses valets de Chambre, seulement arrivé aux frontières du Tonquin il se fit reconnaître par le premier gouverneur de province qu'il rencontra et reprit les marques de la royauté. Pendant qu'il fuyait ainsi le nouveau Conquérant envoya des troupes pour s'emparer des défilés de difficile accès qui se trouvaient dans de longues chaines de montagnes pour empêcher les armées des Tay-sons de venir au secours de la haute Cochinchine, et il réussit à leur fermer ce chemin le seul par où il pouvait être inquiété. Il envoya aussi du monde pour [*76*] garder la muraille qui défend la Cochin-chine du Tonquin *(a)*, il se trouva ainsi au milieu de deux petites provinces ayant l'ennemi à combattre aux deux extrémités. Il était occupé jour et nuit à se défendre

(a) Aucun voyageur na parlé de cette muraille il n'en est pas moins vrai qu'elle existe. Les asiatiques croyent encore aujourd'hui les murailles suffisantes pour les mettre à l'abri d'une entrée subite de l'ennemi (R.). Les lettres de missionnaires, les ouvrages du P. de Rhodes ne manquent pas de parler des murailles que les Nguyên avaient construites pour se défendre contre les agressions des Tonkinois. Voir H. M. P. A., ch. I.

1. La fin de la phrase paraît peu compréhensible. Voici le texte de S. C. : « il avait à craindre qu'on ne le reconnût et qu'on ne le tuât pour avoir l'or qu'il emportait. Dans cette crise affreuse

et vivait dans d'aussi grandes alarmes que la famille des tay-sons, mais ce qui le rassurait un peu, c'est qu'il avait entre les mains les magasins royaux du Chef des tay-sons pourvus de toutes sortes de munitions, et le pillage qu'il avait fait en s'emparant de ce pays le mettait à même d'acquitter ses dettes et de payer exactement la [129/77] solde de ses troupes, il faisait d'ailleurs de grandes promesses à ceux qui combattaient pour lui, et leur faisait espérer que s'il était victorieux il les comblerait de richesses et de dignités. Tous ces soins auroient été inutiles si une femme forte nommée Thien-pho [1] qui entreprit de rétablir les affaires des tay-sons, eut été fidèlement secondée [2]. Cette héroïne força en quelque façon le jeune roy Cants-Thinh à reprendre courage et se fit charger par lui de lui lever une armée ;

il abandonne ses éléphans... ». Il a tout simplement supprimé la difficulté. On pourrait interpréter « hors » par « à moins que » et le membre de phrase signifierait : à moins qu'on ne le prît pour être apporté à son ennemi.

1. Il s'agit de Bùi-thi-Xuân, épouse du général Trân-quang-Diêu, qui avait longtemps tenu en échec les troupes royales dans la province de Qui-nhon. Son courage était devenu légendaire et elle était célébrée par les Annamites sous le nom de Thiêu-pho, qui était un titre dont son mari était revêtu ; on s'explique ainsi le nom que lui donne L. B., *u* étant pris pour *n*. Comparer ce qui se trouve dans MN. au sujet de cette héroïne ; le récit de L. B. est suivi assez fidèlement. II, p. 183, 184.

2. Les pages 71 à 77 du ms. jusqu'à ce point forment la matière du chapitre II de S. C., intitulé : *Invasion de la Cochinchine par le jeune prince. Fuite du roi Tay-Son* (p. 232-235). Le texte imprimé n'offre guère ici que des différences de forme avec le texte manuscrit.

elle ressembla en deux mois et demi environ 300.000 combattans [1], elle voulut que le jeune roy encourageât les troupes par sa présence, fit nommer pour la forme un généralissisme, mais [*78*] de fait elle fut l'âme de toute cette expédition, et dirigea toutes les opérations militaires ; elle conduisit cette armée jusqu'à la muraille qui deffend la Cochinchine du Tonquin et en fit livrer l'assaut pendant deux jours de suite. Le nouveau conquérant qui était du côté opposé se défendait de son mieux, mais avec l'aide des Eléphans, des Soldats qui creusoient la terre au pied de cette même muraille, y eurent bientôt fait de grandes brêches en plusieurs endroits de sorte que ceux qui la défendoient se voyant sur le point d'être forcés, songeaient à la retraite ; mais Dieu pour punir les tay-sons qui persécu [130/*79*] toient encore la religion *(a)* permit que leur défaut de marine, joint à la trahison d'un commandant de

(a) Les tay-sons se sont toujours opposés à ce que leurs sujets changeassent de religion, ils faisoient périr les missionnaires (R.). La Bissachère, qui habitait une région au pouvoir des Tây-son, eut, comme on le sait, beaucoup à souffrir des persécutions contre les chrétiens.

1. Les ouvrages historiques annamites ne parlent que de 5.000 hommes qu'elle apporta à Quang-Toan (Canh-thinh), lequel disposait de 30.000 hommes levés au Tonkin et dans les provinces du Nord-Annam. L'erreur sur le chiffre de ses soldats ne doit pas être attribuée à L. B. ; le missionnaire reproduit probablement les données d'une poésie populaire composée sur l'héroïne qui en inspira plusieurs, — et l'on sait que les auteurs de productions de ce genre se laissent volontiers entraîner à l'exagération.

troupes qui était le plus avancé, ruinât les affaires des tay-sons au moment où tout paraissait leur assurer la victoire ; la nouvelle amazone, avec sa garde pressait les corps des troupes les plus avancés l'épée dans les reins d'escalader le mur, les assiégés ou plutôt ceux qui le défendoient faisaient sur ceux qui se présentoient des décharges de mousqueterie, qui tuaient beaucoup de monde. Le commandant des tay-sons le plus près de la tranchée [*80*] regardant la mort comme inévitable fit signe aux ennemis, qu'il se rendait prisonnier, mit bas les armes moyennant quoi il eut la liberté de passer de l'autre côté, avec huit à neuf cents hommes qu'il commandait ; cet incident releva le courage du conquérant, quoique dans le fond de son âme, il tremblât. Il affecta de la bravoure et fit ouvrir une des portes de la muraille et envoya un petit détachement comme pour inviter les soldats des tay-sons à passer de son côté.

Pendant ce tems, notre guerrière n'avait pas perdu la tête, elle fit promptement avancer un autre corps de troupe pour [131/*81*] remplacer ceux qui avaient si lâchement abandonné leur poste et continuer l'attaque ; si elle eut encore continué deux heures, il n'y a pas de doute qu'elle ne se fut rendue maîtresse de ce poste important, mais le jeune Roy actuel de Cochinchine donna ordre à ses vaisseaux de faire mine de débarquer du monde derrière l'armée assaillante des tay-sons pour leur couper la retraite ; ce mouvement exécuté et le jeune prince tay-son en ayant eu connaissance, fit donner ordre à ses troupes de faire retraite d'après l'avis de son généralissime. Il avait déjà même fait une lieue et demie de chemin sans que la [*82*] générale Thien-pho en fut instruite, elle continuait à donner ses ordres pour presser l'escalade et était au moment de l'exécuter ce qui aurait décidé la victoire en sa faveur, mais les troupes ayant appris la retraite du jeune tay-son perdirent courage et firent dire à la commandante qu'elles vouloient aussi se retirer ce qu'elles commencèrent à effectuer. La valeureuse commandante se dépitant de ce que la victoire lui échappait ainsi des mains fit sa retraite bien malgré elle, dès ce moment les troupes ne gardèrent plus d'ordre dans leurs rangs et se débandèrent en jettant leurs armes [*83*] pour fuir plus vite ; les Commandans craignant que le peuple et les soldats ne les maltraitassent se déguisèrent et abandonnèrent tous leurs bagages, il n'y eut que la nouvelle amazone qui conserva sa garde et rejoignit le jeune roy de son parti, qu'elle reconduisit à la capitale du Tonquin. Si le vainqueur se fut mis de suite à la poursuite des fuyards il se fut emparé de ce royaume huit à neuf mois plutôt *(sic)*, mais il tremblait encore au seul nom du mari de la femme qui venait de le serrer de si près ; ce général était resté dans les provinces les plus reculées de la haute Cochinchine avec [*84*] des forces capables de vaincre par terre trois armées comme celle qui avait gagné la bataille, mais il manquait de vaisseaux, et il était dans des provinces dont une armée ne pouvait sortir que difficilement et en passant par des défilés dangereux et fortifiés par l'art et la nature et que le jeune roy vainqueur ne manqua pas d'envoyer occuper par ses troupes. Ce général tay-son (qu'on eut regardé comme un grand homme, même en Europe *(a)*) ne pouvant forcer les défilés se disposait à aller sur les barques du pays prendre la ville de Dou-nai et il l'eut exécuté en l'absence [132/*85*] du vainqueur, comme précédemment celui-cy avait repris sur lui la ville de Qui-phû[1], mais la nouvelle qu'il reçut par un bateau que lui envoya sa femme la commandante de l'armée du mauvais état des affaires, lui fit changer de dessein ; il s'achemina par le royaume des Laos, et vit périr son armée en route, soit par la faim, soit pour avoir bu de l'eau des puits et des ruisseaux empoisonnés par les sauvages *(b)*. Il ne put arriver aux déserts de la province de Xû-nghé que deux jours après la [*86*] prise de la capitale du

(a) Il faudrait en dire la raison (R.).

(b) Probablement les habitans de ces montagnes ne sont pas aussi civilisés que les Tonquinois, ce qui fait qu'on les regarde comme sauvages ; ils ont d'ailleurs conservé leur indépendance (R.).

1. S. C. : « dans l'absence du conquérant, il eût exécuté cette entreprise comme précédemment il avait repris sur lui la ville de Qui-Phû. » C'est le contraire de ce que dit L. B. En fait, Diêu ayant enlevé Qui-nhon en 1801 et se l'étant laissé reprendre en 1802, — on peut, suivant l'époque considérée, admettre que les royaux ou les Tây-son ont eu le dessus. Mais il est clair que le narrateur fait ici allusion au dernier événement en date ; c'est en 1802 que Diêu, à bout de ressources dans la ville assiégée, avait quitté Qui-nhon à la faveur d'une nuit obscure et avait réussi à s'engager, avec une partie de la garnison, dans les routes des montagnes où les royaux ne le poursuivirent pas.

S. C. a donc eu tort de changer le texte de L. B.

Tonquin[1] ; quoiqu'il n'eut plus qu'une centaine d'hommes montés sur des éléphans mourans de faim et de fatigue, si il fut arrivé un peu plus tôt, la conquête du Tonquin aurait peut-être encore échappé au vainqueur, tant la réputation de ce général était grande et capable de rétablir les affaires ; sa femme qui vint le trouver lui ayant appris les nouvelles pertes des tay-sons, il voulut prendre la route qu'il avait prise par le désert, monté avec sa femme sur le même éléphant. Les troupes que le vainqueur dépêcha pour le poursuivre le joignirent au [133/*87*] désert de la province de Xu-thanh et les soldats craignant que si ils vouloient le prendre par force, il ne fit une longue résistance et ne vendit chèrement sa vie, usèrent d'artifice et se déguisèrent en paysans et furent à sa rencontre comme pour lui porter les vivres dont il avait grand besoin ; de cette manière ils se saisirent de lui et de sa femme, sans qu'il eut à opposer la moindre résistance. Cette prise fut la fin de l'expédition et assura au vainqueur la conquête du reste du royaume, qui se fit sans la plus petite opposition[2], de la part des gouverneurs qui abandonnèrent les places à son [*88*] armée ; le peuple et les soldats prenoient tous les

1. En fait, il fut pris dans le Thanh-hoa par l'armée royale conquérant le Tonkin, au commencement du mois de juillet (1802). La ville de Hanoi ne fut conquise que quelques jours plus tard.

2. C'est ici que finit le chapitre III de S. C. intitulé : *Femme héroïque, dont le courage rétablit les affaires des Tay-Son. Trahison qui les ruine entièrement.* Le chapitre suivant, — intitulé : *Usage que l'empereur Gia-Long fait de sa victoire. Commencement d'op-*

grands mandarins et les conduisoient au nouveau maitre comme on amène des bœufs et des cochons pour en faire présent ; on apportait aussi les piques, les fusils et les sabres des vaincus qu'on avait ramassés par charges, dans les campagnes. Cela donna occasion aux mandarins vainqueurs de vexer les peuples, par ce qu'on ne présentait que peu de sabres dont la poignée était garnie en or et le fourreau couvert d'argent ; on amenait aussi des chevaux mais sans selles, ou avec des selles garnies de cuivre ou tout [134/*89*] au plus en argent. En conséquence on eut ordre de rendre tout ce qu'on avait trouvé et on fit des perquisitions sévères à ce sujet, la jalousie donna lieu à des accusations, et il y eut des particuliers ruinés et rudement frappés pour avoir brisé un sabre ; il y eut aussi des villages obligés de payer la valeur de 2 à 3.000 piastres pour une selle de cheval garnie en or, ou en airain noir *(a)* qu'on avait dérobé. Ce fut là le prélude des mécontentemens contre le nouveau Gouvernement.

[*90*] Le Conquérant arrivé à la ville Capitale et

(a) L'airain noir dont parle ici Mr de la Bissachère, est un métal fort dûr que les Cochinchinois estiment beaucoup, ce métal se vend dans la proportion avec l'or comme 7 : 12 *un peu plus de la moitié. J'ai tout lieu de croire que c'est de la platine* (R.). S. C. fait platine du genre masculin dans son livre.

pression — débute par quelques lignes qui sont de S. C. : généralités sur le triomphe de Gia-long. Il reprend ensuite le texte de L. B. qu'il reproduit pendant deux pages (242, 243) avec d'assez nombreux changements ; il passe ensuite de la page 91 du manuscrit à la page 106.

Royale du Tonquin des gens de la province de Xubac vinrent lui amener le jeune roy tay-son Canh-thinh avec son frère cadet, le frère ainé qui avait été nommé par la courageuse amazone généralissime et dont j'ai parlé plus haut s'étant pendu à la selle de son éléphant [1] pour ne pas tomber en vie entre les mains du vainqueur ; peu de tems après arrivèrent les députés des différentes provinces soumises qui vinrent présenter leurs hommages à leur nouveau souverain. Ils auroient bien désiré qu'il se contenta *(sic)* de prendre le titre et l'autorité de [135/*91*] Maire du Palais et leur donnat un Roy de la famille Lé mais ils ne laissèrent pas par flatterie de lui donner d'avance le titre [2] ; il assigna ensuite de nouveaux gouverneurs à chaque province et la Conquête du Tonquin fut terminée.

Quelques mois après arrivèrent les mandarins Chinois qui de la part de l'Empereur de ce pays lui donnèrent l'institution royale, cela fait le nouveau roy retourna dans ses Etats de Cochinchine, emmenant avec lui le jeune roy tay-son, ainsi que les autres prisonniers de distinction ; ils étoient tous enchaînés, mais légèrement, et portés dans des cages dorées ou vernissées en [*92*] rouge selon le grade ou la réputation de chacun. Il ne pouvait s'empêcher de témoigner l'estime toute particulière qu'il avait

1. « De son cheval », dit S. C. (p. 242), — ce qui est peu vraisemblable.

2. S. C. place ici une page qui se trouve p. 108 et 109 du manuscrit ; il reprend ensuite la page 91 où il l'avait laissée.

pour le général Thien-pho [1], il le fit sonder désirant se l'attacher, mais celui-cy répondit avec grandeur « que le roy pourrait user comme bon lui semblerait « de la victoire qu'il tenait plûtôt du Ciel que de ses « talens militaires, que pour lui comme mandarin, « il ne servirait pas deux maîtres, il ajoutait que « s'il lui faisait grâce de la vie comme lui-même en « avait usé à l'égard de la garnison de la ville de « Qui-phû, il désirait mener une vie privée payant « tribut avec le revenu de son jardin qu'il se ferait « un [136/*93*] plaisir de cultiver lui-même ; il finis- « sait par dire, que si son existence pouvait donner la « moindre inquiétude au Roy il saurait mourir, « comme il avait vécu avec honneur espérant un « sort favorable dans le lieu où les morts sont récom- « pensés de leurs bonnes actions.

Le Roy Gia-long étant arrivé [2] à la Capitale de la Cochinchine s'y reposa pendant deux mois ou environ. Ensuite il s'occupa du supplice de ses prisonniers (un de mes gens que j'avais envoyé à la cour, pour m'obtenir une permission du roy et qui fut porté sur la liste de ceux qui pouvoient entrer

1. C'est bien du général qu'il s'agit et non de sa femme ; — Trân-quang-Diêu est nommé par l'un de ses titres qui servait aussi à désigner sa femme. MN. (II, p. 182, 183) dit de ce général qu'il était « le plus grand homme de guerre qui jamais eut paru dans ces contrées, et aussi supérieur à ses compatriotes par l'élévation de son âme, que par ses talens militaires ».

2. Ici débute le chapitre V de S. C. intitulé : *Supplice des prisonniers* ; le manuscrit est ensuite suivi jusqu'à la fin du récit, soit à la page 105 du manuscrit ; des changements dans la forme seulement et une interversion à la p. 100.

au palais et se tenir devant Sa Majesté pendant un mois, se trouva de [*94*] service le jour de l'exécution, et il la vit tout entière depuis le commencement jusqu'à la fin. A son retour il m'en a fait le récit, je ne puis m'en rappeler aujourd'hui toutes les circonstances qui d'ailleurs sont extrêmement dégoutantes, je ne rapporterai que ce dont je me souviens, ou ce qui m'a frappé le plus du récit qui m'en a été fait et qui depuis a été publique *(sic)* dans tous les états du roy de Cochinchine [1].

Pour commencer par ce qui regarde le jeune roy tay-son on le rendit témoin d'un spectacle bien douloureux, les cadavres de son père et de sa mère, morts depuis dix à douze ans aussi bien que ceux [137/*95*] de ses proches parents furent exhumés, on rajusta les os du roy Quang-trung [2] son père et de sa mère, morts depuis dix ans comme je l'ai dit et ils furent tous décollés pour la forme, afin de leur donner une note d'infamie, et principalement pour ôter à ces os, selon la croyance du pays la plus superstitieuse la vertu de porter bonheur à ses descendans ; ensuite on réunit tous les os des tay-sons dans un grand panier où les soldats devoient

1. MN. se contente de résumer (II, p. 193-195) tout ce long récit des supplices infligés pour Gia-long aux princes tây-son et à leurs officiers ; S. C. le reproduit sans grands changements dans son chapitre V (p. 245-250).

2. Quang-Tsung, écrit S. C. Le troisième des Tay-son, Nguyên Van-Huê, avait pris le titre de période de quang-trung après s'être rendu maître du Tonkin en 1788 ; il était mort au mois de novembre 1792.

aller uriner, après quoi on les réduisit en poudre que l'on mit dans un autre panier qui fut placé à la vue du jeune roy tay-son, pour le chagriner [1]. On lui servit alors un repas assez somptueux [*96*] comme on l'observe dans ce pays à l'égard des criminels qu'on va exécuter, son frère cadet qui était plus brave que le roy, l'ayant vu manger lui en fit le reproche, et parce que la table qu'on lui apporta toute servie selon l'usage avait les marques distinctives de la royauté [2], il dit « qu'on ne manquait pas « de table dans sa famille, et qu'il ne devait pas « manger sur une table d'emprunt » ; après le repas on lui mit un baillon à la bouche ainsi qu'à plusieurs autres, parce qu'on craignait qu'ils ne fissent des imprécations contre le nouveau roy, ensuite on lui attacha les pieds et les mains à quatre éléphans pour être écartelé ; un éléphant lui avait déjà arraché une cuisse avec les nerfs, qu'il put encore tourner la tête vers le panier qui contenoit les os de ses parents. Les exécuteurs à l'aide d'un instrument duquel on n'a pas d'idée en Europe, séparèrent en quatre les parties, qui étaient encore unies entre elles, ce qui joint à la cuisse déjà divisée, forma cinq morceaux de chair, on les exposa aux cinq marchés de la ville les plus fréquentés chacun sur un poteau fort élevé ; ils furent gardés jours et nuits et on menaça de grandes peines ceux qui les laisseraient dérober ;

1. « pour lui rendre ce spectacle plus déchirant », corrige S. C. (p. 246).

2. « les marques du nouveau roi », dit avec assez de bonheur S. C., car L. B. manque ici de clarté.

il fallut attendre qu'ils fussent pourris ou [*98*] mangés par les corbeaux.

Quant au fameux général Thien-phô estimé et regretté de sa famille, et de tous ceux qui le connoissoient, il fit un acte de piété filiale, la veille ou le jour même de sa mort, il réussit à faire représenter au roy que sa mère agée d'environ 80 ans ne pouvait plus, sous aucun rapport nuire à l'Etat, qu'il demandait pour elle la vie qu'elle devait perdre a cause de lui et il obtint sa demande; pour lui, il fut simplement décollé ; il avait une fille de quatorze à 15 ans douée de tous les agréments de son sexe, lorsqu'elle vit que [139/*99*] l'éléphant d'une immense grosseur s'approchait d'elle pour la jetter en l'air, elle jetta un cri perçant et désolant vers sa mère en lui disant : ah, maman sauvez-moi, sa mère qui était celle qui avait commandé l'armée lui répondit « Comment « veux-tu que je te sauve quant je ne puis me sauver « moi-même, et tu dois préférer de mourir avec ton « père et ta famille que de vivre avec cette sorte de « gens-la... » Plusieurs spectateurs auroient voulu la sauver et détournèrent la vue lorsque l'éléphant excité l'enleva et la jetta en l'air en la recevant sur ses dents par deux fois.

Quand le moment du [*100*] supplice de l'héroïne ou de la femme du Général Thien-pho fut venu elle s'avança fièrement vers l'éléphant pour l'agacer et lors qu'elle en fut près on lui cria de se mettre à genoux afin que l'animal pût mieux la saisir, mais elle n'en fit rien, elle continua de marcher jusqu'à lui ; on raconte même que malgré que l'animal fut vivement excité, il fallut le forcer en quelque façon de la jetter en l'air, comme s'il l'eut encore reconnue pour une de ses anciennes maîtresses ; avant son supplice, cette femme courageuse avait fait apporter dans sa prison plusieurs pièces de soieries [140/*101*] dont elle s'était fortement entourée les jambes et les cuisses et toutes les parties de son corps, jusqu'à l'estomac par dessous ses habits, elle voulut par là éviter la nudité à laquelle les femmes sont exposées dans ce genre de supplice.

Les exécuteurs pour avoir dit-on son courage, mangèrent son cœur son foie, ses poumons et ses bras potelés, elle avait causé tant de peur aux soldats et même à leur Chef à l'escalade de la muraille qu'on livra ses membres à la voracité de ces cannibales. Au Tonquin, la chair humaine se mange crue en buvant du vin (mais on n'en mange que [*102*] dans de semblables occasions).

On dit qu'il ny eut que cette courageuse femme son mari et le frère cadet du roy tay-son qui aux approches de la mort ne changèrent pas de figure — tous les autres étoient pâles et tremblants.

Le gouverneur de la province de Xu-nghé un des premiers en grade fut hâché en mille pièces parce que c'était celui qu'on haissait le plus de tous, c'est ce même mandarin qui m'a fait chercher plus de sept ans, il avait juré ma perte et désirait me prendre surtout sachant que j'étais dans sa province. Il avait fait [141/*103*] brûler à petit feu le doigt index de la main à un cochinchinois chrétien et à sa fille pour les forcer d'avouer que j'étais dans leur village ce qui était effectivement vrai. Cet événement eut lieu quelques mois avant la conquête du Tonquin, par le roy, il avait aussi fait mourir plus de 10 chrétiens dans les tourmens et condamné ceux qui refusoient de fouler aux pieds le crucifix à porter pendant dix ans une chaine au col et à nettoyer les écuries des éléphans de son palais ; il semble que c'est parce qu'il persécuta la religion d'une manière si atroce que Dieu permit qu'il fut plus mal traité [*104*] que les autres qui furent simplement décollés, seulement après leur supplice on coupa les cadavres, les uns en dix morceaux, les autres en quatre, ou cinq selon le caprice des gardes du roy ; on rendit les corps de quelques-uns à leurs femmes, qui auparavant d'avoir cette faveur avaient fait des présens au premier Général du roy actuel ; pour ceux qui avoient été mutilés on mêla ensemble tous les lambeaux de chair et on en fit deux monceaux considérables en sorte qu'on ne pouvait plus reconnoître les membres de personne, le lendemain on les transporta par charges d'hommes en un lieu éloigné et où on les laissa à la voirie.

[142/*105*]

NOTIONS SUR LE TONQUIN

Par Mr DE LA BISSACHÈRE, Mre

Tonquin est le nom que les Européens ont donné à ce pays, probablement par rapprochement avec celui que portait l'ancienne ville royale qu'on nommais ci-devant Dou-kinh, ce qui signifie ville plus à l'orient par rapport aux autres, Dou, veut dire l'est, Kinh signifie ville royale, ou rassemblement de gens polis [1] ; depuis que le nouvel empereur *(a)* et roy en a pris possession, on appelle cette même ville Bac-Kinh ce qui veut dire ville plus au nord ; le véritable nom du pays et qui ne change jamais [*106*] qui se trouve dans tous les anciens livres et

(a) Voyez l'introduction (R.).

1. Cette explication du mot Tonkin, juste d'ailleurs et déjà donnée par d'autres missionnaires, est répétée par S. C. (p. 227) et par MN. (p. 15). Mais alors que le premier reproduit la forme erronée *Dou* (qui ne peut venir que d'une faute de copiste, que La Bissachère n'a certainement pas commise) et dit gravement que *Doù* signifie l'Est, MN., mieux informé, corrige (au fait la

qui comprend en général le Tonquin et la Cochinchine et le seul qui plaise et soit avoué des naturels du pays est Nuoc-Anam qui veut dire royaume d'Anam [1], royaume Anamite, on désigne ses habitans par le mot latin *Anamitæ-arum*, — les missionnaires qui écrivent à Rome pour les affaires de la religion et ceux d'entre les Tonquinois qui savent le latin se servent toujours du mot *Regnum Anamiticum (a)* ils n'aiment pas l'expression *Tunquinenses Tunquinum* [2].

[143/*107*] La Cochinchine était anciennement une province du Tonquin [3] habitée par des sauvages qui se tenoient sur les montagnes ; par la suite il y

(a) Nous ne connoissons pas le Tonquin sous cette dénomination que les missionnaires semblent préférer (R.).

copie qu'il tenait, directement ou indirectement, de La Bissachère était peut-être en ce point plus correcte) et écrit : « *Dong* signifie l'est, *King* signifie ville ou rassemblement d'hommes policés. » Par malheur, il veut trop expliquer et dit en note : « Dans une grande partie de l'Asie, le *d* se prononce comme le *t*, et les Européens ont pris l'habitude d'écrire Tunkin au lieu de Dong-Kinh. »

1. Comparer S. C., p. 228. MN. reproduit ce nom (I, p. 15), mais s'écarte aussitôt du texte de L. B.

2. Le paragraphe qui précède forme, avec quelques légères modifications, le début du chapitre Ier de S. C. Les deux lignes suivantes sont ensuite reproduites, puis S. C. passe à la p. 119 du manuscrit qu'il suit jusqu'à la p. 122, revient à la p. 111, repasse à la p. 122, puis à la p. 107 et finit par la p. 108. Ce chapitre est un des bons exemples du travail de marqueterie auquel s'est livré S. C.

3. Comparer MN., I, p. 263 : « La Cochinchine étant un démembrement du Tunkin, en a conservé les lois et le régime ; et cette forme de gouvernement est, sauf quelques exceptions

eut trois frères ancêtres du nouveau roy qui sy refugièrent avec un grand nombre de Tonquinois; la cause de cette émigration, fut l'ambition d'un de leurs beaux frères, qui après la mort de son beau père s'était emparé de la charge de Maire du Palais ou de généralissime du royaume ; il avait le dessein de faire mourir ses trois beaux frères, mais ayant été avertis par leur sœur ils eurent le temps de se sauver et d'échapper au danger qui les menaçoit [1].

[*108*] La famille du prince régnant qui aujourd'hui gouverne tout le pays situé entre l'Empire de la Chine et le royaume de Siam n'est pas la vraie famille des anciens roys qui s'appelle Nha-lê, celle du roy actuel se nomme Ngu-yen-nho, et était vassale de la première ; c'est pourquoi il y a six ans avant que de recevoir l'investiture royale du Tonquin de l'Empereur de la Chine pour se conformer à l'usage il publia un édit par lequel il déclarait ne connaître aucun rejetton légitime de la famille Royale Lé [2], qu'à son défaut il se laissait proclamer [144/*109*] et investir roy, pour contenter son armée et assurer la paix de l'Etat ; auparavant, il ne pos-

peu importantes, commune aux autres Etats de l'empereur ; mais dans les pays dont les habitans mènent une vie sauvage, la puissance de l'empereur est réduite à une vaine démonstration... »

1. Ces faits sont assez exactement rappo·tés ; mais il faudrait beau-frère au singulier ; voir H. M. P. A., *Préliminaires.*

2. Le fait paraît controuvé ; Gia-long, devenu maître du Tonkin, fit rechercher les descendants de la dynastie Lê pour organiser le culte de la famille ; MN. reproduit (II, p. 186) l'information de L. B. Voir H. M. P. A., ch. IX, note finale.

sédait que la petite province de Dou-nai dans le Camboge, alors quoique les Européens lui donnassent libéralement le titre de Roy [1] il n'osa jamais le prendre dans les actes publics, et sur son sceau ; il ne prenait que le titre de Chûa, qui veut dire généralissime du royaume; il désirait par ce moyen conserver l'affection des Tonquinois lettrés et autres avec lesquels il entretenait une correspondance avantageuse. Ses Tonquinois lui faisaient passer des secours en hommes et en argent, le tout en secret ; ils attendoient impatiemment qu'il vint les délivrer de la tyrannie des rebelles [*110*] tay-sons et rétablir sur le throne l'ancienne famille royale, mais les Tonquinois ont été cruellement trompés dans leur attente car ce prince aussitôt après avoir conquis le Tonquin qui l'attendait comme son libérateur s'est fait déclarer roy et a reçu par politique l'investiture de l'Empereur de la Chine [2] ; deux ans après son installation voulant d'après le conseil de ses favoris abolir tous les vestiges de dépendance de la Chine, il a pris le titre et la qualité d'Empereur ; le nom de Gia-long qu'il s'est fait donner est composé de deux caractères chinois dont le premier fait partie du nom de l'Empereur actuel de Chine [145/*111*] et l'autre de la moitié de celui de son

1. Il avait en réalité été proclamé Vuong, c'est-à-dire Roi, à Saigon, le 5 février 1780.

2. Il reçut l'investiture de l'Empereur au mois de février 1806, trois ans et demi après être entré à Hanoi, — et il ne prit le titre d'empereur qu'au mois de juin de la même année. Voir H. M. P. A., ch. IX, au début.

prédécesseur[1]; les Chinois conformément à leurs idées superstitieuses ont dû n'être point satisfaits de cette idée du roy de Cochinchine, ce qui passe parmi eux pour une grande injure ; en outre ledit Empereur du Tonquin a osé dire que si celui de Chine avait besoin de son secours contre les rebelles de son Empire il lui enverrait un corps de troupes.

Ce prince [2] s'est fait beaucoup haïr du peuple surtout depuis qu'il s'est déclaré Empereur, à cause des corvées exhorbitantes *(sic)* qu'il exige pour faire construire des forteresses et bâtir des villes, chaque [*112*] particulier porté sur le registre est obligé de fournir une pièce de bois une pierre de taille une charge de bois à brûler, autant de chaux, de charbon de fer et d'huile, il doit en outre fournir un homme pour creuser et porter la terre pendant un espace de temps fixé ; on punit les réfractaires à des ordres si sévères d'une peine très grave qui toujours est précédée de coups de rotin et de confiscation des buffles et des cochons, cette amende est payée en argent et on évalue d'avance les buffles à dix ligatures de deniers, ce qui équivaut à peu près à cinq piastres *(a)* et les cochons à [146/*113*] moitié

(a) La ligature de deniers vaut à peu près [*113*] 500 *sapecs ou* 4 *réaux d'Espagne ce qui fait juste* 1/2 *piastre, Les sapecs de Cochinchine n'ont aucun cours en Chine, par la raison que j'ai déjà expliqué de la friponnerie du roy, qui dans la fonte a fait glisser du casin* (R.).

1. Le détail est curieux ; l'Empereur régnant était Kia-k'ing, dont le prédécesseur avait été K'ien-long.

2. Le chapitre VI de S. C. *(Conduite de Gia-long, oppression*

de ce prix, mais ce qui révolte davantage le peuple et excite son indignation, c'est la difficulté de faire accepter les matériaux qu'on a tant de peine à se procurer, soit par soi-même au risque de sa vie, étant obligé d'aller les chercher au milieu des marais dont les eaux sont extrêmement malfaisantes et dont les bords sont ordinairement habités par des éléphans des tigres des Rhinocéros [*114*] et autres animaux sauvages ; soit par autrui en envoyant ses enfants ou ses domestiques, ou des gens qu'on paye ; malgré toutes les difficultés qui viennent d'être énoncées les collecteurs ne trouvent jamais les bois de bonne qualité ni la pierre bien taillée à moins qu'on ne donne de l'argent pour les petits mandarins et leurs écrivains. On offre souvent deux ou trois pièces de bois pour une, qui sont encore trouvées de mauvaise qualité, il faut donner de l'argent pour arrêter les coups de rotin qui pendant les pourparlers de minute en minute tombent sur le dos des contribuants ; ces malheureux, pour l'ordinaire [147/*115*] sont couchés d'avance pieds et mains liés à deux piquets fichés en terre et étendus de toute leur longueur ; néanmoins ces bois et autres matériaux dont on livre trois pour un, sous le faux prétexte qu'ils ne valent rien, sont réputés très bons pour être revendus à un très haut prix aux particuliers des autres villages qui n'ont pas pu aller en chercher dans le désert. Une partie de ce bénéfice est celui

du peuple, p. 250-253) commence en ce point et reproduit la matière des p. 112-116 du manuscrit.

que les petits mandarins passent à leurs supérieurs. On change tous les huit à dix jours ces receveurs de matériaux pour qu'ils puissent s'enrichir tour à tour, ceux qui procurent d'avantage d'argent aux mandarins sont continués plus longtemps, mais si un de ceux [*116*] qui grugent ainsi le peuple est par hazard pris par les Espions du Roy ou par ceux des premiers mandarins on lui fait son procès en un instant et pour éviter des suites que pourroit avoir l'interrogatoire le fripon est décollé ; les Espions sont payés très grassement, et tout va son train comme à l'ordinaire. Depuis qu'on bâtit les villes et les forteresses tous les mandarins deviennent riches et le peuple est réduit à la dernière misère de sorte que plusieurs après s'être défaits de leur bétail et de leurs Champs sont obligés de vendre jusqu'à leurs enfants ce qui arrive même à des chrétiens.

[148/*117*] La langue tonquinoise [1] est douce, polie susceptible de beauté d'éloquence et même de poésie ; le langage Cochin Chinois, n'est à quelques mots près que le tonquinois corrompu, et prononcé d'une manière plus hardie et plus brusque ce qui n'empêche pas les individus des deux pays de s'entendre entre eux ; les Lettrés ont un langage qui leur est propre qu'on apprend par principe comme

1. Les p. 117 à 119 de L. B. forment le début du chapitre XII de S. C. *(De la Langue et des Arts du Tonquin*, p. 286-289). MN. consacre tout un chapitre, le septième (II, p. 96-119) à la langue ; beaucoup de généralités ; quelques détails exacts sur la langue annamite ; quelques méprises.

le latin en Europe, ils se servent des caractères chinois et des livres de Confucius *(a)* ainsi les lettrés [*118*] chinois et tonquinois peuvent communiquer et se comprendre mutuellement en écrivant mais non pas en parlant. On a remarqué que les Chinois ont plus de difficulté que les Européens pour apprendre à parler le Tonquinois, et y en a un grand nombre qui se sont établis dans le pays, ils conservent toujours leur accent Chinois et ne prononcent jamais bien le Tonquinois [149/*119*], il ny a que leurs enfants qui sont nés dans le pays qui le puissent parler avec pureté ; il y a peu de gens lettrés en Cochinchine, ce n'est que dans les provinces situées près de la Capitale du Tonquin qu'on parle cette

(a) Je ne sais pas pourquoi on a donné ce nom au législateur chinois. C'est une des mille erreurs qu'ont commis les missionnaires de Pekin. Confucius n'est pas un nom [*118*] *chinois, c'est purement un nom latin. Le véritable nom de celui dont on a fait Confucius est en chinois Gong, la famille des Gong existe en Chine et l'Empereur lui paie même tous les ans une certaine somme par rapport au grand* [*119*] *homme qui est sorti de cette famille ; Il était mandarin avec le titre de Fou ou Hou, qui veut dire employé dans une ville du* 1er *rang comme Chef de la Justice. Cette ville s'appelait Zee-Fou par* [*120*] *ce qu'en Chine les villes portent les titres de mandarin, comme on dit Quantong-Fou et Hong-Chang-Hyen qui est un titre plus bas, Ainsi on nommait le mandarin à bouton-blanc de Casa-blanca Colman-Fou, la dernière syllabe étant son titre ; Ainsi les Miss*[res] *ont fait Confucius, ce qui est plus facile assurément que de dire Gong-Fou-Zee, en Chinois ce nom s'écrit par trois caractères* (R.). Casa-Blanca était le nom que les Portugais donnaient à la résidence du mandarin représentant le gouvernement chinois à Macao ; Casa-Blanca était distant de Macao d'une lieue et demie ; voir S. C., III, p. 68.

langue avec perfection et qu'on la prononce avec délicatesse.

Les Chinois[1] anciennement ont gouverné le Tonquin qui s'étendait jusqu'au Camboge. Il ny avait pas encore de Cochin Chine ou de gouvernement [*120*] séparé du Tonquin, il ny a pas deux cents ans que ce Royaume existe sous cette dénomination, les Tonquinois furent longtemps gouvernés par des Vice-Rois envoyés de Chine, qui sy rendirent très puissants ; ils furent chassés et revinrent à différentes reprises, enfin deux Tonquinois qui étoient frères ayant tué le Vice-Roi, furent successivement proclamés Rois ; la Chine, ne pouvant empêcher ce nouveau régime y con [150/*121*] sentit à condition que tous les Rois nouvellement élus au Tonquin enverroient à Pékin des ambassadeurs pour demander à cette Cour l'investiture. L'Empereur de la Chine envoye en son nom un mandarin au Tonquin arrivé à la Capitale, on le fait placer sur un throne, il reçoit quatres saluts ou prostrations du roy désigné et ensuite il se revet des marques de la royauté et se fait mettre sur un siège un peu plus élevé que le sien, il se lève ensuite et le salue à son tour et le reconnait [*122*] Roi du Pays, c'est la formule qui a toujours eté pratiquée, jusqu'à présent.

Le Roi actuel en prenant de son Chef le nom et les marques d'Empereur parait avoir voulu abolir

1. Avec ce paragraphe, nous revenons au chapitre Ier de S. C., p. 228-229.

cette coutume pour l'avenir ; quoiqu'il en soit, il parait que l'Empereur de Chine sans-doute pour conserver son droit ne refuse jamais cette investiture quant on la lui demande. Il l'a même accordée à Quang-trung le plus jeune des frères rebelles nommé Tay-son à qui il semble qu'il aurait du la refuser. En voici la raison, une nombreuse armée chinoise étant venue au Tonquin pour rétablir sur le throne l'ancienne famille Lé qui s'était réfugiée à Pékin, Quang-trung [151/*123*] qui pour lors était en Cochin-Chine apprenant l'arrivée de cette armée chinoise accourut au Tonquin seulement avec quelques centaines de soldats, il marchait jours et nuits ramassant sur sa route par force tous les hommes en état de porter les armes, il n'avait d'autres provisions que celles qui se trouvoient dans les villages par où il passait, il faisait couper la tête à tous ceux qui refusaient de le suivre, et brûloit les maisons de ceux des habitans qui ne mettaient pas à la disposition de ses troupes, du riz des buffles et des cochons, souvent de rage et de colère il faisait tuer devant lui les hommes et les chevaux qui ne pouvoient pas [*124*] marcher. Enfin il arriva près du camp des Chinois avec ses soldats fatigués et dont une partie étaient estropiés des longues marches et à demi-morts de fatigue et de suite, sans être effrayé du grand nombre des ennemis, il les attaque et en tue environ quarante mille le jour de son arrivée ceux qui échappèrent au massacre s'enfuirent et périrent pres que tous dans les forêts. Il n'en resta que très peu qui retournèrent en Chine porter la nouvelle de cette déroute [1], peu de tems après ce même roy Tay-son envoya à l'Empereur un Ambassadeur pour demander l'investiture des Etats qu'il avait usurpés et l'obtint, c'est ce qui affermit dans le Tonquin [152/*125*] la domination des Tay-sons qui ont eu deux rois ; la monnoye frappée à leur coin a encore cours aujourd'hui dans tout le pays.

Les mots tay-son signifient montagne de l'ouest. Les frères rebelles qui s'emparèrent de la Cochin Chine et du Tonquin, quoi que originaires du second de ces royaumes étaient nés dans le premier dans un petit baillage montueux situé à l'ouest de la province de Quin-hone dont ils faisaient partie, c'est pour cette raison que le roy actuel et ses partisans tout en fuyant jusques dans le royaume de Siam devant les rebelles auxquels même ils n'auraient pas [*126*] échappé, si ils n'eurent pas été secouru des Européens *(a)* appeloient ceux-là par

(a) M. de la Bissachere rentre ici dans le sujet que j'ai expliqué dans l'introduction et dont il s'était d'abord un peu écarté (R.).

1. Cette histoire de la conquête du Tonkin par le troisième des frères Tây-son ne manque pas de surprendre ; peut-être faut-il voir dans le récit de L. B. le reflet des bruits qui couraient parmi le peuple annamite, — effrayé des succès rapides des Tây-son dans le royaume des Lê et porté par conséquent à les exagérer encore. Voir, dans le même sens que L. B., une lettre de M. Le Roy, missionnaire au Tonkin, écrite le 3 juillet 1789 (*Nouv. Lettr. édif.*, VII, p. 44). MN., abandonnant Bw qu'il suit généralement dans son esquisse historique, a reproduit sous une forme plus soignée le récit de L. B. qui a dû le frapper davantage, II, p. 169, 170.

mépris du nom de Tay-son comme on dirait : les montagnards occidentaux.

Le culte du Tonquin est l'idôlatrie [1]. On y dépense beaucoup d'argent à construire des temples et à orner des idoles mais ce n'est que le peuple et principalement les femmes qui croyent véritablement à ces superstitions, les grands et les lettrés, n'assistent aux cérémo [153/*127*] nies que pour occuper la place d'honneur, et avoir la meilleure portion des viandes immolées ; ils se moquent entre eux des idoles et du Culte qu'on leur rend, seulement ils croient aux *Rois Spirituels (a)* ou démons adorés dans chaque village [2] sous différents noms ridicules,

(a) Croire aux rois spirituels, c'est avoir foi au Culte, ou comme qui dirait je crois à la religion catholique, mais je ne crois pas à la résurrection (R.).

1. Ce paragraphe et les suivants jusqu'à la p. 142 ont passé avec d'assez nombreuses modifications et interversions dans le chapitre IX de S. C. *(Religion, culte, superstitions, génies tutélaires, etc.)*. — A la nette affirmation de L. B. que le culte du Tonkin est l'idolâtrie, MN. oppose : « On a prétendu que les Tunkinois étaient idolâtres, mais autant qu il est possible d'assigner des bornes aux erreurs humaines, on ne doit pas attribuer à une nation qui n'est pas sans lumières, ni sans instruction, la croyance qu'une substance inanimée, et qui est l'œuvre de ses mains, est un être supérieur à l'espèce humaine et qui décide de son sort ; que dans chaque lieu où se trouve une idole, existe un dieu ; que chaque fois qu'il est fabriqué une de ces idoles, il est créé un nouveau dieu. Cette imputation d'idolâtrie a été souvent une erreur des Européens, qui se sont permis de juger les croyances des peuples, dont ils n'avaient point étudié les principes, dont ils n'entendaient pas bien la langue et dont ils interprétaient mal les actions, etc. » II, p. 6.

2. Comparer MN., II, p. 14 suiv. « Chaque commune a un

tels que ceux des plus vils animaux. Ils les craignent beaucoup, parce que de fait ils nuisent grandement, faisant courir çà et là ou rendant malades tous les bestiaux d'un village, le fléau ne cesse que lors qu'on est allé les saluer dans leurs temples et qu'on les a apaisés par des sacrifices ; ces mauvais génies ne procurent jamais de bien ils ne savent faire que du mal [*128*] ; aussi on ne les aime pas mais on les redoute *il ny a que les Chrétiens qui ne les craignent pas et auxquels ils n'osent pas nuire (a)* comme [154/*129*] ils l'avouent eux-mêmes par la bouche

(a) M. de la Bissachère aura surement été trompé, car ce qu'il raconte est impossible à croire ; je sais très bien que la croyance des peuples surtout de l'Asie pour les génies malfaisants est une des superstitions de ce pays, mais comment est-il possible qu'un homme instruit puisse admettre de semblables opinions pour faire valoir les chrétiens Tonquinois. Qu'est-ce que ces Chrétiens, des gens empreints d'autant de superstition que les autres Tonquinois [*129*] *et à qui l'Eau du baptême n'a pas rendu le jugement plus sain. C'est ainsi que j'ai reconnu que les missionnaires ont écrit toutes leurs histoires. Ouvrez les lettres édifiantes, vous les trouvez remplies de faits si extraordinaires que l'on se persuade lire quelques histoires religieuses du XIV*[e] *siècle, écrites bien fanatiquement ; cela serait peut-être de recettes si des voyageurs judicieux et éclairés n'avoient pas aussi parcouru les mêmes contrées sans avoir vu les choses extraordinaires que raconte M. de la Bissachere* (R.).

génie tutélaire, dont il n'existe aucun signe représentatif, mais qui pourtant a un temple, et reçoit des sacrifices... Les habitans des communes rendent des hommages et font des sacrifices à leur mauvais génie, ainsi qu'au bon ; mais plus encore au mauvais, parce que la dévotion tunkinoise est plus électrisée par la crainte que par l'affection ou par la reconnaissance. » Plus loin (p. 18-20) se trouve une dissertation sur les bonzes et les bonzesses, dont ne parle pas L. B.

de ceux qu'ils obsèdent ; ils leur font faire des cris affreux, des courses prodigieuses et surtout des courses qui surpassent de beaucoup les forces naturelles de l'homme. [*130*] A mon arrivée au Tonquin, je me moquais comme un homme peu crédule de ce qu'on racontait de ces obsessions et autres opérations du démon, mais après sept ans de courses dans le pays après de sérieux examens des faits vus et entendus je ne puis raisonnablement plus douter de leur vérité ; des obsessions passagères d'un jour ou deux à l'égard d'hommes et de femmes procurées quelquefois par les sortilèges des Magiciens [1], d'autres fois par les invocations du peuple souvent par le pur caprice du démon *(a)*, sont des choses que je

(a) Mes amis Mrs d'Ayot qui ont séjourné dix ans en Cochinchine ainsi que beaucoup d'autres, m'ont dit [131] y avoir vu des faiseurs de tours aussi adroits qu'en Chine, et qui en imposent facilement à un peuple aussi crédule que les habitans de ces contrées, j'ai été moi-même fort étonné des tours que j'ai vu faire en Chine dans l'Inde et aux Philippines, cependant j'ai vu les tours de Comus et ceux de son successeur Pinetti, etc., tous ces Mrs qui ont encore dernièrement parcouru la Cochinchine m'ont assuré que ces faiseurs de tours n'étoient pas plus sorciers que ceux d'Europe, je n'ai pas eu de peine à les croire, et j'en aurais eu beaucoup à me persuader les faits que raconte l'auteur (R.).

1. Voir, dans MN., II, p. 21-24, ce qui est dit sur la magie et les magiciens, assez différent de L. B. « Il serait impossible de décrire tous les pronostics, toutes les superstitions qui ont de l'empire sur l'esprit de ce peuple ; le vol et le chant des oiseaux forment des présages favorables ou sinistres ; une poule qui chante comme un coq est d'un mauvais augure, on la tue... etc. », p. 23. Par contre, il n'est fait aucun usage des renseignements que fournit L. B. sur les pratiques des Tonkinois.

[*131*] n'ai plus de peine à croire. J'ai vu par moi même de ces obsessions ; j'ai interrogé sur ce sujet des Magiciens convertis à la [*132*] foi et particulièrement un jeune homme qui avant de se faire chrétien gagnait sa vie à suivre un Magicien auquel il servait de Python (ou compère) presque tous les jours.

Il y a au Tonquin plusieurs genres de magie qui ont des effets surprenants comme de transporter par le moyen des démons des masses énormes d'un lieu à un autre et très éloignés, ces magiciens sont pauvres ils peuvent nuire beaucoup, et rarement peuvent-ils profiter à autrui et jamais à eux-mêmes.

Le nouvel Empereur et Roi Gia-long est absolument athée et n'honore pas d'autre Dieu que [155/*133*] *soi-même* et *son ventre*[1]. Il ne parait estimer que le seul Culte de Confucius et cela pour plaire à ses courtisans, il ne fait bâtir et entretenir aux frais publics que les temples qui sont dédiés à ce philosophe, un communément par chaque gouvernement ; au commencement de son règne il défendit la secte des Magiciens qui ne causent que du mal comme de faire mourir les bestiaux, brûler le tiers ou le quart d'une maison construite en bois et couverte de paille la plus grande partie demeurant intacte, transporter les effets d'une maison dans une autre pendant quelques tems. Ils se sont tenus

1. S. C. se contente de dire que l'empereur Gia-long ne croit à rien (p. 267), hésitant à reproduire l'expression énergique tirée de saint Paul dont L. B. fait usage.

cachés et ont interrompu leurs exercices [*134*] nocturnes qu'ils font au son du tambour et ont fait disparaître les autels particuliers qu'ils avoient dans leurs maisons mais ensuite ne voyant pas d'exemples de punitions et quelques mandarins les ayant appelés et fait exercer leur art chez eux ils ont continué à agir comme auparavant.

La mère et la sœur du roy actuel croyent aux idoles et en ont un grand soin dans les temples qu'elles ont pris sous leur protection ce sont les Rois du pays qui donnent aux *démons tutélaires* des villages des brevets de *Rois spirituels* plus ou moins honorables selon leurs exploits et les maux dont ils [156/*135*] ont délivré les habitans. Le Roy actuel régnant qui n'est pas dévot a fait donner l'ordre à l'insçu de sa mère de rassembler tous les Brevets anciens et nouveaux de tous les génies tutélaires des villages du Tonquin, d'examiner leurs titres leurs exploits les services qu'ils avoient rendus à l'Etat ensuite d'abolir le culte de ceux dont les droits seroient douteux et de jetter leurs sièges dans la rivière, de brûler leurs brevets ; cet ordre n'a été exécuté qu'en peu d'endroits, parce que les mandarins craignoient que les démons se vengeassent et que les villages donnaient de l'argent pour conserver [*136*] leurs génies tutélaires ; on les adore ordinairement sous la qualification de très grand Roi Dai-vuong, il y en a qui sont honorés sous le nom de *serpents*, de *grenouilles* d'*arêtes de gros poissons* de *tigres*, de *chiens* d'*oiseaux*, de *coquillages*, de *Voleurs de tête ou de bras* de *Voleurs et assassins de courtisanes* etc. tout le village en habits de cérémonie va saluer le très grand roy grenouille ou autre et lui offre un bœuf un cochon mort, mais entier dont on n'a ôté que les intestins, on présente aussi un peu de ce que mange l'animal sous le nom duquel on honore le Grand roy du Village, après le [*137*] sacrifice on se place selon l'âge quatre à chaque table les jeunes gens dépècent la chair de la victime qu'on mange crue si ce n'est celle de cochon qui se trouve d'avance à moitié cuite, on partage ce qui reste selon l'âge et la dignité et chacun s'en va ivre ou à demi ivre pour avoir trop bu de l'Araque ou de l'eau-de-vie du pays. Sous le règne précédent le Gouverneur de la province de Xu-nghé où sont à ce que l'on dit les plus puissants Rois ou Génies (et où je suis resté pendant sept ans) chaque année on donnait avis à tous les baillages qu'à tel jour, il y aurait concours pour les génies tutélaires, et qu'on [*138*] ajouterait pour les vainqueurs de nouveaux titres et de nouveaux présens ; pour augmenter les sacrifices dans leurs temples, les habitans des villages qui prétendoient avoir des Rois puissants devoient apporter leurs brevets les plus honorifiques qu'on pût trouver, on trainoit ensuite dans la salle d'audience une longue et pesante barque garnie sur tous les bords de quinze à seize rames, on prenait un des brevets des vingt ou trente rois qui seulement osoient se présenter au concours et on le mettait sur le siège du patron, et on invitait le génie à qui il appartenait de faire aller la barque sur la terre. [157/*139*] Tout le monde se tenait de bout et éloigné et sans qu'il parût aucun agent extérieur, il y avait des brevets dont ceux qu'ils représentoient faisoient mouvoir la moitié des avirons, d'autres les deux tiers, quelques-uns les agitoient tous, il y en avoit qui faisoient avancer la barque les uns de quelques pouces les autres de quelques pieds, mais ordinairement chaque année, il n'y avait que le diable le plus fameux de la province dont le temple est au village maritime de Ke-can par où j'ai passé qui put faire aller et revenir la barque, aussi c'était toujours lui qui remportait le prix ; le roy lui-même lui envoyait des présens avec des titres plus pompeux [*140*]. Son temple est très riche et en sa considération tous les gens du village sont exempts de corvées et d'impôts, ce génie est adoré sous le nom de Con-leo-hanh [1], c'est-à-dire de la Courtisane Hanh qui mourut de libertinage ; ce que je viens de dire sont des faits publiés par des milliers de témoins oculaires *(a)*, voilà pour [158/*141*] le Culte du pays un petit apperçu.

D'après les relevés faits des Chrétiens catholiques il y a sept à huit ans on en comptait trois cent sept

(a) Je suis fâché que l'auteur de ces notes n'ait pas vu ces faits par lui-même car je suis persuadé qu'il aurait découvert les agens secrets qui doivent faire agir la barque dont il parle ce qu'il raconte seulement par oui dire ; quant à ce qui regarde la religion des Cochin [*141*] *chinois, d'après ce qui m'a été rapporté par Mr d'Ayot (qui d'après ses voyages et ses connoissances est fort à même d'en juger) ils suivent la religion de Confucius, mais au Camboge et au Tonquin plus encore qu'en Cochinchine cette religion est mêlée*

1. Le mot *leo*, dans cette expression, est difficile à expliquer ; peut-être faut-il lire *dào*. Voir, à l'Appendice, la liste des mots et expressions annamites.

mille maintenant il y en a davantage. Dans la Cochinchine et le [*142*] Camboge, il s'en trouve environ soixante mille ; nous estimons que les Chrétiens sont à peine la cinquantième partie de la population du Tonquin *(a)* ; il y a dans ce moment seize missionnaires Européens dont quatre sont Evêques deux Vicaires Apostoliques et deux coadjuteurs, on compte cent et quelques prêtres du pays dont plusieurs sont infirmes et on manque de fonds suffisants pour entretenir les collèges et les séminaires, on a pas d'autres ressources que les personnes pieuses et Charitables qui malheureusement dans ce siècle *philosophe* diminuent [159/*143*] tous les jours [1].

de beaucoup de rites et de pratiques de la religion de Brama qui sont arrivés dans ce pays par Siam ; on trouve dans les pagodes indiennes les mêmes figures dont parle Mr de la Bissachere qui sont des allégories aux incarnations de Brama (voyez le voyage de Sonnerat aux Indes) (R.). Il s'agit dans cette note de l'ouvrage bien connu intitulé : *Voyage aux Indes Orientales et à la Chine fait par ordre du roi depuis* 1774 *jusqu'en* 1781 *avec des observations sur le Cap de Bonne-Espérance, les Iles de France et de Bourbon, les Maldives, Ceylan, Malacca, les Philippines, les Moluques*... Paris, 1782 ; 2 vol. in-4.

(a) Ce qui d'après le calcul porte le nombre des habitans du Tonquin à 15.350.000 (R.).

1. Comparer ce tableau de l'état de la mission au moment où La Bissachère se trouvait dans le pays avec celui qui est tracé dans les *Nouvelles des Missions Orientales reçues au Séminaire des Missions Etrangères à Paris en* 1787-1788, — Paris, MDCCLXXXIX, p. 70-83. A propos du christianisme, MN. trace un vaste tableau qui débute ainsi : « Parmi les religions qui ont des sectateurs dans les Etats de l'empereur du Tunkin, doit être compté le Christianisme qui, dans cet Etat, a eu le même sort que dans plusieurs autres Etats de l'Asie. Introduit

Les institutions civiles et morales du Tonquin [1] et par conséquent de la Cochinchine en général sont très sages très justes et très conformes au droit naturel, elles sont en grande partie imitées des loix de la Chine [2], quelques-unes mêmes sont meilleures ; le sage rédacteur de ces loix a bien raison de dire à la fin de son recueil que la *matière précieuse anéantit*

à la faveur du commerce, il s'y est accrédité par la propagation des sciences et des arts ; puis, devenu suspect par les indiscrétions de quelques missionnaires, et redouté par la liaison des intérêts religieux avec les intérêts politiques, il a été prohibé. » Suit un historique, assez exact dans l'ensemble, de l'introduction du Christianisme ; les Portugais, les Français, les Jésuites, les Missions Etrangères font œuvre religieuse ; des persécutions ont lieu, etc. On a compté au Tonkin jusqu'à deux ou trois cents mille chrétiens ; au début du XIXe siècle on a estimé qu'il y en avait trois cent vingt mille au Tonkin et soixante mille en Cochinchine, soit le cinquante-cinquième et le vingt-cinquième de la population de ces états. II, p. 28-35.

1. Le chapitre VII de S. C. *(Du Gouvernement et des Lois du pays*, p. 253-259) débute par quelques lignes de la p. 153 de L. B.: « Malgré la bonté du code législatif... mais les coutumes territoriales sont bien différentes » ; il reproduit ensuite le contenu des p. 143-154, en apportant au texte quelques altérations de minime importance. Comparer MN., I, p. 269 : « Le droit civil du Tunkin, imparfait et défectueux dans quelques-unes de ses dispositions, est en général sage, juste, confirmatif des droits de l'homme et du citoyen ; il a pour base le droit chinois, qui est pour ce pays ce que le droit romain était pour les pays coutumiers de la France, la raison écrite... Suivant le droit général admis dans tous les pays de la domination de l'empereur, l'homme y naît libre et ne peut perdre sa liberté... »

2. Voir H. M. P. A., ch. IX, § 1, l'article intitulé : *Justice.*

la loi ; *Kim-ngan pha lê luât*[1], et d'anciens écrivains avant lui avoient dit que la Clef d'or ouvre toutes les serrures, ce qui signifie absolument la même chose[2] ; l'avarice outrée des mandarins, la rapacité de leurs suppôts rendent toutes ces loix inutiles et même [*144*] nuisibles en prolongeant et multipliant les formalités, pour avoir de l'argent des parties et ils font espérer alternativement à l'une et à l'autre partie une décision favorable et ils ne prononcent jamais définitivement tant qu'ils entrevoyent pouvoir tirer quelque chose des plaignants ; de ce mal il en résulte un bien c'est que la crainte des coups de rotins celle de perdre son tems et son argent retient beaucoup de gens qui plaideroient si la justice était mieux administrée. Après qu'on a coupé la tête à un juge prévaricateur, son successeur ne laisse pas d'en faire autant et quelquefois même de le surpasser, ainsi il faut passer par là.

[160/*145*] Les meurtres et les assassinats sont rares[3], mais il s'en commet cependant quelquefois,

1. Dans S. C. (p. 254), le dernier mot est écrit, par suite d'une mauvaise lecture, *hiât* Voir la liste des mots et expressions annamites.

2. MN., I, p. 292, dit en d'autres termes : « Les législateurs tunkinois ont reconnu et déploré cette dépravation désorganisatrice de l'ordre social, mais n'ont point employé de moyens efficaces pour y remédier. »

3. Exemple de développement : « Avant que les guerres civiles eussent altéré les mœurs et familiarisé avec la violence et le crime, il était très rare qu'il fût commis un vol de quelque importance, et bien plus encore qu'il fût commis un meurtre. Aujour-

on prend alors des précautions très multipliées pour que le cadavre ne puisse jamais se retrouver ; il y a eu des villages obligés d'abandonner leurs foyers pour plusieurs années à cause d'un cadavre trouvé sur leur territoire ; il y a des loix de police pleines de bon sens et d'utilité, que les villages observent, souvent dans les cas soumis à leur jugement ; ils [les] insèrent ensuite dans le registre des règlements qu'ils ont faits pour eux-mêmes, et pour être principalement observés par tous ceux du village, qui ont signé et parafé ledit registre, il y a pour ceux qui ne s'y conforment pas des peines [*146*] très fortes et des amendes pécuniaires. De cette manière on fait prompte justice parce que les amendes qui sont en chair, en vin, ou en argent tournent au profit commun du village, et que les jeunes gens qui y ont leur part sont toujours prêts, à aller saisir les buffles, les bœufs, ou les cochons du délinquant, aussitôt qu'un des anciens leur en donne l'ordre ; quand ils ont fait cette saisie ils amènent le tout à la maison commune du village, où il y a toujours des couteaux prêts pour égorger les animaux ainsi amenés et comme tout individu est boucher l'opération est bientôt faite ; il faut que celui qui a violé [161/*147*]

d'hui même, il y a dans le Tunkin et la Cochinchine des cantons où, depuis nombre d'années, il n'a été commis par les nationaux aucun délit grave ; et quoique des peines capitales soient prononcées contre plusieurs délits, on estime que, dans les temps ordinaires, il ne périt pas par an, dans tout le Tunkin, plus de vingt ou trente personnes pour crimes poursuivis devant les tribunaux. » MN., I, p. 293.

le règlement de police vienne promptement ou à son défaut sa femme ou un de ses enfants offrir compensation pour ravoir le buffle, le bœuf ou la vache dont ils sont disent-ils accoutumés de se servir pour labourer (au Tonquin communément un seul animal traîne la charrue). Par le moyen de ces confiscations faites sans l'intervention du juge il y a de très grands villages *même tous païens*, qui sont parvenus à établir de père en fils, une police exacte et admirable ; on ne perd pas le moindre fruit quoique les arbres soyent sur le passage public, on n'ose pas prononcer à haute voix la moindre malédiction, ni entrer sans [*148*] témoins dans la maison de filles, ou veuves, ou bien des femmes dont les maris sont absents ; si cela arrivait à quelqu'un son cochon serait expédié dans l'espace de quelques heures par les jeunes gens du village qui dans plusieurs cas manifestes, n'ont pas besoin de l'ordre des anciens pour punir l'infraction au règlement de police, un témoignage authentique est suffisant pour cela [1]. Alors après avoir lié et frappé le délinquant à coups de rotins, on se met à cuire son cochon dans sa propre cour se servant de son bois de son chaudron pour faire le festin dont

1. Comparer MN., I, p. 292, 293. « Ce sont les communes qui sont chargées directement du maintien de la police ; et dans chacune d'elles, des jeunes gens sont préposés à la garde des fruits de la terre et à la sûreté des maisons ; ils reçoivent, pour cette garde, une rétribution de chaque propriétaire, proportionnée à l'étendue de sa propriété ; et s'il se commet un vol, soit de jour, soit de nuit, ils sont obligés d'indemniser la personne volée. Quelques communes ont fait sur la police des règlemens

il reste spectateur oisif. Après le repas s'il n'est pas content de ce jugement provisoire on le conduit [162/*149*] à la maison commune du village où il doit présenter une table servie de bouchées de bethel et d'areque, avec un pot de vin pour occuper les machoires des anciens, tandis qu'ils écoutent son plaidoyer, ordinairement ils finissent par condamner le complaignant à faire aux esprits spirituels protecteurs du village une amende honorable, aux anciens des saluts ou prostrations ; et des excuses à la Classe des jeunes gens avec une prière de ne point imiter sa conduite ; si l'accusé mécontent court au tribunal du baillage pour appeler de la sentence portée contre lui et exécutée, le mandarin le renvoye aux Chefs du village, surtout dès qu'il s'agit d'un cas exprimé dans le règlement [*150*] de police, il na pas le pouvoir d'en prendre connoissance, ni même d'improuver le jugement déjà porté.

C'est pour l'ordinaire la Classe des jeunes gens de vingt à trente ans qui est chargée de faire patrouille jour et nuit dans tout le territoire du village, ils se divisent eux-mêmes en plusieurs bandes sous la conduite de Chefs ou caporaux, qu'ils choisissent entre les plus âgés et les plus sages, chaque proprié-

si sages, et en surveillent l'exécution avec tant d'attention, que, dans l'étendue de leur territoire, règne le plus grand ordre ; un homme n'ose entrer dans la maison d'une femme mariée en l'absence de son mari, ni même dans la maison de qui que ce soit, sans en avoir auparavant obtenu la permission du maître... » C'est L. B. clarifié, si l'on peut dire, et même, par extraordinaire, résumé.

taire leur donne par arpent une gerbe ou demie gerbe par ans pour faire leur repas communs, mais aussi ils sont solidairement tenus à rendre le double de ce qui a été volé aux particuliers dans les [163/*151*] champs et les jardins soit en riz, coton, fruits et ils ne peuvent qu'après la moisson finie dépenser leurs fonds communs, sur lesquels on prélève les restitutions auxquelles ils peuvent être obligés.

Les loix du royaume ne fixent pas les peines et amendes à imposer aux filles et veuves reconnues pour être enceintes, les amendes sont laissées à la discrétion des Chefs du village qui les proportionnent, à la fortune des parents de la coupable ; elles montent ordinairement à la moitié de la valeur du bien des père et mère lorsque leur fille demeure encore chez eux ; quant à elle, un mois après ses couches elle reçoit publiquement un [*152*] nombre fixé de coups de rotin. C'est un axiome reçu et tiré de la loi que les parents doivent payer les sottises de leurs enfants, garçons ou filles, *Con dai cai mang* [1]. Il y a de plus quelques loix de police communes à tout le royaume un peu trop sévères et inclinant à la barbarie à l'occasion desquelles des innocents mêmes peuvent perdre la vie quoi que très rarement ; une entre autres porte qu'un homme et une femme surpris en adultère doivent être liés ensemble mis dans un filet espèce de lit ou hamac, couverts et transportés ainsi à la salle d'audience, si les

1. Il faut lire sans doute *cha* au lieu de *cai*. Voir la liste des mots et expressions annamites.

témoignages sont suffisans on les fait décoller tous les deux liés de cette manière, à moins qu'on ait [164/*153*] secrètement promis beaucoup d'argent pour faire surseoir l'exécution.

Malgré la bonté du code législatif le gouvernement du Tonquin est despotique et tyrannique [1], les loix de ce royaume comme celles de la Cochinchine sont les mêmes, mais les coutumes territoriales sont bien différentes ; le tribunal de première instance [2] pour toutes les causes moyennes est l'assemblée du village ou les parties ont leur domicile ; c'est le meilleur et le plus juste il ne laisse pas que d'avoir beaucoup d'autorité ; de là on appelle au tribunal du baillage appelé Nha-huyen, si l'affaire ne s'y arrange pas

1. Comparer S. C., p. 253, qui reproduit les premières lignes du paragraphe et MN., I, p. 264 : « Pendant long-temps, dans le Tunkin et dans la Cochinchine, la puissance souveraine a été despotique sans être tyrannique... » Suivent des considérations sur les résultats des guerres civiles, assez étrangères à L. B., mais il faut signaler la conclusion qui est, en vérité, assez remarquable et pour ce qu'elle exprime et pour la manière dont elle l'exprime (p. 266, 267) : « Les lois, le gouvernement, le régime de cette nation étant justement appréciés, on reconnaît qu'elle a moins à se plaindre de la constitution de l'état que du gouvernement et moins du gouvernement que de l'administration ; que le malheur des sujets vient moins du degré de puissance conféré au souverain, que de l'abus de cette puissance ; moins du souverain lui-même, que des dépositaires de son autorité. »

2. Comparer MN., I, p. 289, 290, qui utilise la matière de L. B. en l'agrémentant de quelques détails : « On compte jusqu'à cinq degrés de jurisdiction, dont le premier est la jurisdiction communale qui juge en dernier ressort de l'exécution des règlemens qu'elle a le droit de faire, et qui sont des règlemens de police... »

on a recours au Nha-phû qui a trois baillages sous son ressort ; [*154*] de là on peut se pourvoir au Bon-tran ou gouvernement de toute la province et enfin au Grand Conseil du Roy appelé Con-dou, mais les simples particuliers ne sont pas assez riches pour aller si loin.

Les individus sont partagés en deux Classes [1] les *Royaux* et les *Populaires*, les simples soldats sont comme mixtes étant tirés des populaires leur famille femme et enfants restent dans cette classe, quant à eux comme ils sont à la solde du roy ils sont de la Classe royale ; chaque village doit fournir un nombre de soldats relatif à la population, on les chosit parmi les plus riches et les plus nombreuses familles afin que s'ils s'enfuyent, jouent [165/*155*] ou volent, leurs parents puissent répondre pour eux ou les remplacer ; en cas de mort c'est au village à fournir un successeur. Au Tonquin sur sept hommes couchés sur les registres on en prend un pour être soldat ; en Cochinchine depuis un an sur trois sujets, il en faut un pour le service, mais Sa Majesté aide les villages à les nourrir et à les habiller, ce qui n'a point lieu au Tonquin ; on reçoit les soldats à 20 ans et

1. Le chapitre VIII de S. C. *(Population ; division des habitans en classes ; des impôts ; manière de les lever*, p. 259-264) commence par un paragraphe formé de la seconde moitié des p. 187 et 186 de L. B., se poursuit par quelques lignes tirées des p. 161 et 162, deux lignes du crû de S. C., et se complète (p. 260-264) par la matière des p. 154-162 légèrement modifiée. Comparer MN. : « La nation est divisée en deux ordres... » I, p. 256 suiv.

on ne leur donne leur congé qu'à 51 ans [1] pour éviter la peine d'exercer de nouveaux soldats, quand un soldat a du talent il devient petit mandarin, le village fournit un autre soldat, mais il n'entretient pas le dignitaire ; seulement [*156*] quand il vient dans sa patrie les habitans de son village doivent le saluer, l'aider à bâtir une belle maison, faire la dépense des sacrifises offerts aux génies tutélaires et à ses ancêtres en action de grâces de ce qu'ils lui ont porté bonheur pour devenir mandarin, on est débarrassé de toutes ces corvées que quand il est reparti.

La Classe des Royaux est composée de la famille Royale des Favoris des Mandarins Lettrés et Militaires et de leurs soldats, le Roy actuel a environ deux cent mille soldats de troupes réglées mais les mandarins les font seulement venir aux appels moyennant quatre ligatures de deniers [166/*157*] qui sont la valeur de deux piastres qu'ils leur paient chaque mois, ils les envoyent en grande partie travailler et commercer, ils n'en gardent pas la moitié auprès d'eux.

La Classe des Populaires est composée de Mandarins Lettrés à la vérité mais tirés d'entre le peuple et choisis par lui parmi les laboureurs et artisans

1. « L'assujétissement au service militaire commence à dix-huit ans et finit à cinquante », dit MN., I, p. 302. Pour le reste du passage relatif au recrutement, à la responsabilité de la commune, etc., MN. ne se distingue guère de L. B. que par une forme plus élégante et plus châtiée. Comparer S. C., p. 260, 261.

ainsi que parmi la Classe des gens qui vivent sur l'eau qui est très nombreuse et qui est taxée différemment que celle qui vit sur terre ; ils ont leurs Mandarins particuliers, ces Mandarins populaires reçoivent les ordres des mandarins royaux aussi bien que la quantité d'impôts à [*158*] payer de corvées à faire et de soldats à remplacer ou à nourrir et à habiller, etc. etc. Ensuite les mandarins populaires divisent le tout par *toparchies* et par villages à proportion du nombre des habitans de chaque endroit couchés sur le registre, si quelque village se trouve trop surchargé, ils abandonnent leur maison et leurs champs pendant trois ou quatre ans ; après ce tems, il ne reparaît que quinze ou vingt pères de famille, et on fait pour eux un nouveau registre, les autres sont sensés *(sic)* morts de faim et de misère ou passés dans d'autres provinces, ils reviennent ensuite peu à peu, n'habitent qu'une maison pour deux [167/*159*] ou trois ménages et par ce moyen ils n'ont que peu d'impôts et de corvées pendant de longues années.

Lorsque la quantité de corvées et d'impôts est notifiée aux Mandarins populaires les mandarins royaux envoient des espèces de sergents avec quelques soldats, ceux-cy si avant tout il ny a pour eux de l'argent comptant pressent la levée des impôts à coups de rotin sur le dos et les cuisses des mandarins populaires, ceux-cy font frapper les Chefs élus par les villages, ces derniers ont leur revanche sur les particuliers du village qui à leur tour battent leurs femmes et leurs enfans afin qu'ils travaillent pour gagner l'argent qu'il faut donner [*160*] aux soldats des mandarins royaux ; on met aussi de légères cangues au col des mandarins populaires, ceux-cy en font mettre aussi au col des Chefs du village et vont ainsi presser l'ouvrage de la collecte afin que le peuple ait plus de peur et fasse davantage d'efforts, ainsi c'est la cangue et le rotin, et non pas l'honneur et les sentimens qui sont le mobile de tous ; d'ailleurs il n'y a point d'infamie attachée à porter la cangue ou à recevoir des coups de rotin, il n'y a absolument que la peau qui en souffre ; les Grands Mandarins les plus proches parents même de Sa Majesté Impériale sont souvent frappés publiquement de trente ou quarante coups de rotin par ordre de l'Empereur, ils [168/*161*] récompensent grassement les soldats qui ont l'adresse de leur donner des coups qui fassent beaucoup de bruit sans que la peau en soit endommagée ; le génie du pays est d'être bas à l'égard du supérieur et orgueilleux à l'extrême à l'égard de l'inférieur.

La population du Tonquin[1] est près de vingt fois plus considérable que celle de la Cochinchine et du

1. Les premières lignes de ce paragraphe ont passé au chapitre VIII de S. C. ; le chapitre IX *(Du sol, de ses productions*, p. 279-285) en comprend la suite, p. 162 et la moitié de la p. 163, puis un extrait à peine modifié de la p. 187 ; il retourne à la p. 164 et suit librement le texte de L. B. jusque vers la fin de la p. 168 ; retour ensuite à la p. 167 pour faire un nouveau saut à la p. 189. La dernière partie du chapitre (p. 283-285) réunit assez judicieusement les passages épars dans L. B. qui ont trait à l'alimentation.

Camboge pris ensemble *(a)*. Selon les registres du Roy [*162*] elle n'est que quinze fois plus considérable mais au Tonquin, il y a un grand nombre de villages où à peine une moitié ou un tiers des individus sont inscrits sur les registres [1] ; le terrain pour la plus grande partie, est le plus fertile que j'aie jamais vu, cette fertilité consiste à ce qu'une moitié des champs portent deux récoltes de riz par an [2] et à quelques

(a) Suivant Mr de la Bissachère la population de la Cochinchine et du Camboge ne serait que de 767.500 *âmes. Mr d'Ayot après un mur examen la porte au double ou* 1.500.000 *âmes* (R.). Se reporter à la note de la p. 142 du ms.

1. Comparer S. C. (p. 160) et MN. (p. 60) qui paraphrase. S. C. ajoute de son côté : « On peut, sans crainte, porter la population des états de Gia-Long à dix-huit millions d'âmes. » Voici comment il arrive à ce chiffre : à la note *(a)* de la p. 142 de L. B., on voit qu'il conclut d'un renseignement du texte que le Tonkin compte 15.350.000 habitants ; si l'on se reporte à la note de la p. 161, on verra que pour lui la population du Cambodge et de la Cochinchine s'élève à 1.500.000 habitants, soit en tout 17.000.000 environ ; il force les chiffres pour compenser le nombre des non-inscrits sans doute. MN. donne un total de 23.000.000 de sujets de l'empereur : 18.000.000 au Tonkin, 1.500.000 en Cochinchine (Annam actuel), 2.200.000 à 2.400.000 au Tsiampa, Camboge et Lac-tho ; au total 21.700.000 à 21.900000 soit 22 millions environ et non 23, — ainsi que le fait remarquer Crawfurd (*Journal of an Embassy from the Governour General of India to the Courts of Siam and Cochinchina*, p. 526).

2. Comparer MN. (I, p. 108) qui ajoute aux renseignements du texte quelques fioritures. Il débute en disant (p. 106) que « les terres du Tunkin sont d'une fécondité supérieure à celle de la Chine, quelle que soit la renommée de celles-ci ; elles sont toujours en fermentation et richement productives ». Il signale aussi que l'on trouve « des coteaux qui, jusqu'à leurs sommités, sont couverts d'orangers ».

endroits jusqu'à trois y comprise une de pois ou de grain propre à faire de l'huile. J'ai compté au Tonquin plus de vingt espèces différentes de riz, la majeure partie reste quatre mois et demi en terre, il y a une espèce qui vient en cent jours, il y a le riz d'eau le riz des terrains secs, le riz des montagnes [1] [169/*163*] il y a aussi plusieurs espèces de fruits inconnus non seulement en Europe mais encore en Chine et en Cochinchine, il y croît particulièrement plusieurs espèces de racines propres à faire de la farine, des pommes de terre, plusieurs plantes médicinales comme le Cinamome et autres ; les rivières y sont grandes et poissonneuses et en fort grand nombre, les étangs et les lacs ainsi que les champs de riz *(a)* contiennent une infinité de poissons différents et bons à manger pour la pluspart inconnus dans les eaux douces [*164*] d'Europe ; les côtes qui bordent la mer sont aussi beaucoup plus abondantes pour la pêche au Tonquin qu'en Cochinchine ; la morue et la sardine certaines années entrent même dans quelques unes des grandes rivières ; c'est le riz et le poisson qui sont la base

(a) Parmi ces poissons il faut compter celui qu'on nomme le dalac aux Philippines et en Chine où il s'en débite une grande quantité, le pêche-caboche, ce poisson se vend salé de 7 à 10 *P*[tres] *le pickle en Chine ; il se trouve principalement dans les champs de riz* (R.).

1. MN. Signale une autre espèce de riz que L. B. a omis d'indiquer ; c'est « une espèce spiritueuse de laquelle on tire l'arack, liqueur plus forte que les eaux-de-vie de vin ; si l'on mange ce riz en nature il enivre très-promptement » (p. 109).

de la nourriture de cette nombreuse population [1].

Il y a au Tonquin [2] de l'or qui passe pour le meilleur qu'on connoisse, de l'argent, de deux espèces d'airains *(a)* du cuivre de l'étain, le plomb y est rare mais le fer y est commun *(b)*. On tire le salpêtre des [170/*165*] montagnes mais on y fait très mal la poudre à tirer, il y a une espèce d'airain noir *(a)*

(a) L'airain dont parle l'auteur me paraît être la platine (R.). MN. (I, p. 53, 54) est d'un avis différent : « Il y a deux espèces d'airain, dont l'un est presque aussi blanc que l'argent, et est plus solide ; ce qui en élève le prix, qui est intermédiaire entre celui de l'argent et celui du cuivre ; l'autre airain est noir et en l'enfonçant plusieurs fois dans la terre il devient rouge ; mais lorsqu'on l'en retire, revenu à l'air, il change en très-peu de temps et redevient noir. Ce métal qui ne se trouve que dans une province, est présumé un composé de cuivre rouge et d'or : est-ce une production de la nature ? N'y a-t-il point quelque concours de l'art ? c'est ce que nous ne sommes point en état de décider ; mais ce qui est certain est que ce métal ou cette composition se vend quatre fois le prix de l'argent ; et quoique moins cher que l'or, il est aussi estimé, et aussi recherché pour les ornemens, à cause de sa pureté. »

(b) Le fer de Cochinchine est mauvais mais cela vient de la manière de l'extraire.

(a) Celui dont j'ai parlé plus haut.

1. MN. (I, p. 100) écrit que « les poissons fournissent à l'habitant de ces pays bien plus d'alimens que les animaux terrestres, et ne contribuent guères moins à sa subsistance que les végétaux », manière élégante d'exprimer ce que dit L. B.

2. Comparer ce passage sur les productions minières du Tonkin avec S. C. qui le reproduit sans grandes modifications (p. 281) et MN. qui ajoute de nombreux détails, celui-ci, par exemple : « le fer, le plus utile des métaux, est très commun, et d'une telle pureté, que dans le simple état de minéral sans le fondre, il est possible de le forger ». Ce n'est pas l'avis de S. C. ; voir note *(b)* de la p. 164 du manuscrit.

qui se vend plus cher que l'argent mais pas autant que l'or ; personne n'ose et ne sait même exploiter les mines d'or et d'argent, on en retire pas d'autre que celui qu'on trouve dans les montagnes quant il s'écroule quelques rochers ou dans les ruisseaux parmi le sable qu'ils trainent ; on craint beaucoup que les Mandarins Royaux sachent qu'on a fait une pareille trouvaille, car lorsqu'une fois un village est inscrit sur les registres comme ayant quelque chose de précieux dans son territoire, il faut en fournir tous les ans une certaine quantité pour les magasins [*166*] du roy et plus encore pour les mandarins et l'impôt continue quoi qu'on ne trouve plus de laditte matière, il faut alors se redimer par argent, ou en faire acheter ailleurs, ou bien abandonner sa maison et ses champs ; depuis surtout que la famille Lé ne règne plus sur le Tonquin le peuple est très pauvre quoique naturellement il dut être plus à l'aise que partout ailleurs, il soupire sans cesse après un changement de gouvernement quelconque espérant qu'il sera moins vexé et au contraire il parait que cela va toujours de mal en pis. Les Tonquinois ont appelé le Roy actuel et l'ont aidé à détruire les Tay-sons, mais [171/*167*] à peine y a t'il six ans qu'il les gouverne, qu'ils le maudissent journellement parce qu'il les surcharge de corvées deux fois plus que les tay-sons, ils ont le cœur disposé à la révolte, mais ils sont sans énergie et privés de chefs capables d'agir.

Il y a plusieurs endroits au Tonquin où l'air est très bon. Les habitans sont intrépides et assez bons soldats, quand ils sont bien commandés, ils ont du goût et de l'aptitude pour la marine, on les forme aisément à la manœuvre des vaisseaux européens ; ils méprisent les troupes chinoises et se servent adroitement des éléphans pour faire la guerre, le roy en a environ [*168*] cinq cent de dressés aux opérations militaires, il n'y en a que quatre de parvenus au grade de mandarin, et qui ont des anneaux d'or à leurs dents. Chacun d'eux est dans le cas de mettre en déroute un gros détachement, plus on tire sur eux plus ils s'avancent sans faire le moindre cas d'une grosse balle qui leur entre dans la peau, il n'y a qu'un petit endroit au-dessus des yeux où une balle qui les atteint puisse les tuer [1].

Les Tonquinois méprisent les Chinois ils leur donnent le nom générique de *Ngo-cho* qui veut dire *Chinois chien*, en partie par ce qu'ils ont les dents blanches et ne se les [*169*] teignent point en noir comme font les Tonquinois et parce qu'ils sont plus intéressés plus avares, voleurs et fripons qu'eux [2].

Quant aux mœurs et aux coutumes du pays [3]

1. Comparer S. C. (p. 282) et MN. (I, p. 82). Du texte de L. B., celui-ci reproduit ce renseignement : sa peau « n'est point à l'épreuve de la balle, mais la balle y pénètre sans le tuer, à moins qu'elle ne le frappe au front entre les deux yeux ». Puis il se livre à une longue description : sa marche est comme celle du chameau, il parcourt autant d'espace qu'un cheval au trot dans son allure ordinaire, tous les jours on le conduit deux fois à l'eau, aucun animal n'a plus d'intelligence. Il se plaît avec les enfants, se mêle à leurs jeux, joue à croix ou pile, etc., etc.

2. Ce paragraphe a passé, on ne sait trop pourquoi, dans le chapitre XII de S. C. sur la langue et les arts du Tonkin, p. 287.

3. Le chapitre X de S. C. (*Mœurs et Usages du Tonquin*, p. 272-279) reproduit, avec des modifications de forme, ce qui

elles sont entièrement différentes de celles d'Europe, on n'oserait paraître devant un supérieur sans lui offrir des présens, ni le saluer ayant des souliers aux pieds ; quand un grand mandarin arrive dans un lieu où il y a des inférieurs qui veulent lui parler de près, il faut que ceux-cy quittent leurs souliers, quoique brodés en or ou en argent, fassent quatre salutations ou prostrations [*170*] le front touchant par terre [1], ensuite ils peuvent proposer leurs affaires ; les femmes s'asseyent sur la terre, les jambes croisées et font quatre inclinations profondes portant le front jusqu'aux genoux, ensuite elles exposent le sujet qui les amène ou bien attendent en silence qu'on les interroge. C'est la coutume du Tonquin comme de la Cochinchine d'être assis les jambes croisées comme les tailleurs en Europe ce qui s'observe soit en mangeant soit en conversant et cela par tout le monde depuis le Roy jusqu'au dernier de ses sujets, on ne voit point de sièges dans les maisons, chez les gens de condition privée on présente aux étrangers des nattes pour [173/*171*] s'asseoir à la manière déjà décrite. Chez les Mandarins quand on vient pour affaire, après avoir fait

suit jusqu'à la p. 183 ; il se termine par un passage extrait de la p. 192 sur « l'habit de cérémonie » des Tonkinois.

1. Voir dans MN. (II, p. 72, 73), la description de ces pratiques de politesse qui reproduit L. B., mais MN. observe : la politesse tonkinoise « se ressent du despotisme en ce que ses formalités vont jusqu'à l'humiliation, et de l'aristocratie en ce qu'elle porte dans tous ses signes des traces d'infériorité ou de supériorité ».

les prostrations sur la terre nue les hommes se tiennent debout, les femmes restent assises à terre ; si on fait au mandarin une visite d'honnêteté, il offre une natte sur une planche, et invite à s'asseoir. Pour prendre ses repas [1] on est assis sur des planches ou espèces d'échafaudages plus élevés les uns que les autres selon la dignité, le maître de la maison ou le plus honoré mange seul à la table qu'on lui a placée sur le plus haut échafaudage, à moins qu'ils ne soient tous deux de même rang en ce cas ils mangent ensemble. [*172*] On n'est jamais plus de quatre à la même table, on les multiplie selon le nombre des convives, elles sont rangées à la file et les premières sont plus chargées de mets que les dernières qui sont les moins honorées ; on ne se fait point prier, pour se placer dans le haut bout, ordinairement on sait l'âge et la dignité de chacun ; si quelqu'un l'ignorait, on lui dirait « Vous êtes plus « âgé ou plus élevé en dignité que moi » il en conviendrait sans peine et il ny aurait plus de contes-

1. Ces informations sur les repas sont reproduites dans S. C., p. 275, 276. MN. les utilise en supprimant certains détails et en en ajoutant d'autres. Il fait remarquer que « des formalités aussi multipliées et aussi gênantes altèrent nécessairement le plaisir de la table ; mais en établissant jusque dans les moindres relations sociales l'empreinte de la soumission et de la dépendance, elles cimentent des sentimens qui, dans les Etats despotiques, ne peuvent être trop souvent rappelés ». Il termine en disant qu'on observe dans les repas une très grande propreté et qu' « au lieu d'extraire de sa bouche avec ses doigts, comme il se pratique en Europe, les os de la viande ou les arêtes de poisson, qui y sont engagés, cette extraction ne se fait qu'avec de petits bâtons ». II, p. 78.

tation. Dans les repas publics qui se font dans les villages, aux festins de noces ou de funérailles, aussi bien qu'à ceux qui suivent les sacrifices [174/*173*] offerts aux Génies Spirituels, chacun met dans sa manche les restes de sa portion, s'il na pu la manger en entier et l'emporte pour en faire part à la maison des anciens, qui ont assez de mérite pour obtenir cette distinction[1]. Dans les repas ordinaires que donnent les particuliers, on n'emporte rien du reste des mets. Si le maître de la maison veut envoyer quelque chose à la femme ou aux enfants de son convive c'est à sa volonté.

Les femmes ne sont jamais admises aux repas publics qui se font à la maison commune du village, ni aux festins d'appareils *(sic)* qu'on donne dans les familles ; on est bien [*174*] éloigné dans ce pays cy de courtiser les belles, on donne presque dans un excès contraire, *mais qui produit un bien dans l'ordre social*, les femmes ne se donnent pas le ton de *précieuses* et ne font pas les *coquettes*, ne se rendent jamais les maîtresses de la maison et de leur mari ; quand une fille du Roy du Tonquin choisit un mari parmi les Mandarins son père lui donne un Sabre pour couper la tête de son Epoux si il commet un Crime d'Etat mais en même temps il fait présent à son gendre d'un joli rottin garni d'or moins gros

1. Il paraît y avoir une lacune à la fin de cette phrase ; le texte de S. C. (p. 274) est dans tous les cas plus satisfaisant : « ... chacun met dans sa manche le reste de sa portion pour en faire part—*à sa famille. Les crieurs du village portent ce qui reste*—à la maison des anciens qui ont assez de mérite... »

que le petit doigt, pour corriger la demoiselle dans le secret du ménage, si il lui arrivait de manquer aux devoirs de son état ; toutes les [175/175] [femmes] sortent vont et viennent librement comme en Europe, les grandes dames ont un nombreux Cortège de Suivantes, et de Soldats proportionnés à la dignité de leur mari, elles ne peuvent manger à une même table avec lui, si il y a des Etrangers, seulement elles peuvent être présentes au repas.

Les Tonquinois sont sensés *(sic)* n'avoir qu'une femme légitime, mais ils peuvent épouser autant qu'ils veulent des femmes subalternes, la *poligamie* n'étant point défendue par la loi [1]. Les enfants des épouses secondaires donnent à leur propre mère le nom de *Sœur ainée* et appellent Mère la femme légitime de leur père. Ils ont néanmoins leur [*176*] part de l'héritage, dans le partage des biens l'aîné prend préalablement un cinquième de l'héritage et la maison principale, ensuite il reçoit encore une portion égale à celle de ses autres frères. Il est ainsi avantagé parce qu'il doit avoir soin des Sacrifices

1. Se reporter à MN. (I, p. 77, 78), qui, parlant de polygamie, ne reproduit pas une ligne de L. B., et fait un discours sur la question. Mais, dans son chapitre sur le *Droit privé,* il revient sur la polygamie à propos du mariage et utilise L. B. : « La pluralité des femmes est permise ; mais il n'y en a qu'une qui ait les droits de femme légale ; les autres sont considérées comme concubines... », p. 275 ; « son autorité (de la femme légale) s'étend sur tous les enfans nés de son mari, même sur ceux des concubines ; elle préside à leur éducation, et ils l'appellent leur mère ; tandis qu'ils n'appellent leur véritable mère que sœur aînée... », p. 276. C'est du L. B., mais combien mieux exprimé !

offerts aux ancêtres, quant aux filles elles n'ont presque rien, comme devant passer dans une autre famille qui doit les entretenir ; si elles sont infirmes et ne peuvent trouver de parti leur frère ainé en a soin ; on leur assigne sur le Commun une petite portion de terre et la famille lui bâtit une petite maison. La mère, tante, sœur ou cousine ne peuvent aliéner leurs biens immeubles [176/*177*] sans le consentement des fils, neveux ou frères ou cousins qui sont sensés chefs de la famille et chargés du soin des Sacrifices ; ainsi le Contrat de vente est non valide par là même qu'il n'est pas écrit de leur main ou signé de leur parafe par devant les chefs du village. La loi permet d'épouser en même temps les deux sœurs et d'établir la plus jeune *Femme-légitime*, les femmes secondaires ou concubines sont comme les servantes de la première si elles habitent la même maison ; quand une des concubines devient favorite de son mari et qu'elle a dispute avec sa rivale, on lui bâtit une maison dans le voisinage et on y fait meilleure chère que [*178*] dans le logis principal ; néanmoins la première femme peut si son mary qui est le seul maître, ne s'y oppose prendre les enfans de la Concubine, lors qu'ils sont sevrés pour les faire élever à sa manière ; on peut répudier légalement même la femme légitime quand elle est trop turbulente ou qu'elle manque à son mari devant les Etrangers. Quant aux femmes du second rang, on peut les donner ou même les vendre, pour retirer l'argent des épousailles, on peut aussi vendre ses enfans mais plutôt en qualité de domestiques ou de fils adoptifs que comme de vrais Esclaves.

Les dames du Tonquin ont des pierreries et des joyaux en [177/*179*] or des habits de soye et du beau linge mais d'une forme toute différente que les ajustemens d'Europe, au lieu de s'enrhumer en se dépouillant comme font ailleurs les dames qui suivent la mode elle se font suer pour se trop charger de beaux habits les jours de parades, plusieurs sont aussi blanches que les Européennes [1], mais elles n'ont point de couleurs ; il n'y a que les comédiens et les comédiennes qui osent se farder. On en trouve souvent qui ont de l'esprit et toutes ont des manières moins guindées que le grand nombre des Européennes parées qui ont peur de gâter leurs habits en se remuant naturellement et librement. [*180*] Le sens de la vue est fort exposé au Tonquin à cause de la chaleur du climat de la forme des habits pour le travail et de la coutume où l'on est de se baigner à l'endroit où l'on se trouve mais comme on est accoutumé à cela dès l'enfance, on passe son chemin

1. MN. reproduit ce renseignement, mais il développe, à son habitude ; le passage est assez curieux : « Le Tunkin et les pays adjacens sembleraient, d'après leur proximité de l'équateur, devoir être habités par des hommes noirs ou du moins fort basanés ; mais le rafraîchissement et l'humidité de l'atmosphère par les pluies et les inondations garantissent de l'action brûlante du soleil à laquelle est attribué le noir de la peau. La nuance particulière de celle du Tunkinois est olivâtre et tirant un peu sur le brun, et le Cochinchinois a un teint d'un brun plus foncé. Dans les deux pays, les femmes et les hommes qui par leur profession sont peu exposés aux ardeurs du soleil ont une peau qui approche de la blancheur européenne. »

sans y faire attention ; en revanche on est extrêmement sévère sur le sens du toucher à moins qu'on ne soit mari et femme, les personnes de différents sexes ne se touchent jamais pas même les mains, si on le faisait on perdrait sa réputation, en général on est au moins aussi Chaste qu'en Europe et les Chrétiens le sont davantage[1].

[178/*181*] On décolle les criminels qui sont de condition plébéienne, les femmes sont jettées en

1. S. C. (p. 277, 278) introduit ici plus de changements que de coutume : « Le peu d'habillemens que portent les Tonquinoises lorsqu'elles vont travailler dans les champs, et que la chaleur du climat autorise, expose souvent les Européens à des tentations qui n'auraient pas lieu si les femmes n'avaient pas l'habitude de se baigner par-tout où elles se trouvent. On est plus sévère sur le sens du toucher... etc. » MN. (II, p. 44-48), sur le thème de L. B., se livre à une dissertation sur la décence au Tonkin, dit que « les femmes mettent peu d'importance à se soustraire aux regards des hommes ; la douceur du climat fait qu'elles laissent à nu une partie de leur corps ; et pour ce qui est couvert, la légèreté des vêtements en rend les formes sensibles... » ; « mais tandis qu'une si grande licence est accordée à l'organe de la vue, tout est refusé à l'organe du tact... » ; « malgré cette réserve, la liberté de la communication entre les deux sexes occasionne quelques jouissances illicites » ; suit une page sur la prostitution ; puis, « dans l'intérieur des terres, la chasteté est encore plus observée que dans le Tunkin » ; « la violation des lois de la nature et les honteux égaremens de l'amour... sont inconnus dans ce pays. » Et le morceau se termine par quelques lignes sur « ces monstres humains qui, privés de leur sexe, n'ont ni les grâces du sexe auquel ils n'appartiennent pas, ni l'énergie du sexe que leur avait donné la nature, mais qui réunissent les vices de l'un et de l'autre » ; le pays commence à s'en purger, dit MN. ; avant l'empereur actuel, la cour en était remplie, maintenant l'impératrice, les autres femmes de l'empereur sont servies par des personnes de leur sexe.

l'air par les éléphans et retombent sur leurs dents ; pour les criminels de considération ou qui sont de la famille régnante, on leur envoye dans la prison une pièce de soyerie avec les moyens de s'en servir pour s'étrangler après quoi on les enterre honorablement [1].

Il n'y a pas au Tonquin de ports sûrs pour les vaisseaux de construction européenne mais il y a entre les montagnes des abris qui couvrent trois côtés, il est vrai qu'il faut attendre le vent quelquefois longtems pour en sortir. Les sommes chinoises peuvent entrer dans plusieurs rivières [*182*] et remontent jusqu'à la ville royale *(a)*.

La loi défend le luxe dans les bâtimens et les habits [2], chacun se tient selon son rang et sa dignité, si quelqu'un excédait en dépenses le mandarin ne manquerait pas de s'emparer de cet excédent ; il y a même deux provinces qui sont le pays des Rois

(a) Voyez le Pilote Cochinchinois *par M. d'Ayot* (R.). Se reporter à notre introduction (p. 30-33) ; il y est question des travaux de Dayot.

1. Comparer S. C., p. 289, qui termine par ce paragraphe son chapitre sur la langue et les arts du Tonkin avec MN., I, p. 288, 289, qui le délaie en une page et conclut par cette phrase inattendue : « La profession de bourreau n'est pas déshonorante ; elle est exercée dans le Tunkin par une famille cochinchinoise, dans laquelle elle est héréditaire depuis plusieurs siècles. »

2. Ce paragraphe se trouve presque textuellement reproduit dans le chapitre *Mœurs et Usages* de S. C., p. 278. MN. développe, II, p. 49, ce qui concerne la restriction du luxe et en tire parti pour énoncer quelques généralités : Ce peuple « aurait assez de penchant pour le luxe, s'il n'était pas contenu par des

et d'où ils sont sortis, où il est défendu de couvrir les maisons de tuiles excepté celles ou l'on sacrifie aux ancêtres du Roy ; les habits des riches ont la même forme que ceux des pauvres ; ils prennent séances dans les assemblées du village selon leur âge, à moins que pour avoir rendu au village quelques [*183*] grands services ou lui avoir fait quelques dons considérables, on ne lui ait donné par écrit signé de tous les habitans le droit de s'asseoir au premier rang et d'opiner le premier.

Les arts au Tonquin sont comme prohibés au lieu d'être encouragés [1], si quelqu'un se distingue dans sa profession on l'oblige à venir travailler pour la Cour gratuitement, si quelqu'un est connu pour avoir un arbre rare on l'oblige à le mettre dans une grande caisse et de le faire porter ainsi au Roy ou

lois somptuaires qui règlent le degré de magnificence permis dans les habits, les meubles, les maisons et le proportionnent aux dignités ; institution qui peut être critiquée, en ce que, restreignant les jouissances, elle ôte au travail et à l'industrie une impulsion qui leur est nécessaire et un appât qui excite leur activité ; mais, d'autre part, institution convenable pour borner les fausses jouissances... etc. ».

1. Voir ce passage reproduit dans S. C. (p. 287, 288) avec les ordinaires modifications de forme. MN. n'a pas négligé de noter ce renseignement intéressant (I, p. 175) ; il parle de « l'absurde et tyrannique administration du Gouvernement qui, dès qu'un artisan excelle dans sa profession, le met en réquisition et l'oblige à travailler gratuitement pendant un certain temps pour le service de l'empereur, ou du gouverneur de la province, ou même de quelque mandarin ». Suit l'anecdote au sujet de la porcelaine ; mais MN. dit que c'étaient des Chinois qui, ayant exercé leur art au Tonkin, furent en butte à tant d'exigences qu'ils furent obligés de retourner dans leur patrie.

au Gouverneur de la province et s'il ne peut subvenir aux frais du transport, son village est tenu de l'aider ; il en est de même à l'égard de tout ce qu'on peut avoir de précieux [*184*] ou de curieux. On a trouvé dans ce pays le secret pour faire la porcelaine comme en Chine mais la famille des inventeurs fut obligée de s'expatrier, ne pouvant sans se ruiner fournir gratuitement tout ce que le Roy et les Mandarins exigeoient.

Le Gouvernement du pays [1] est naturellement foible et très timide sans confiance en l'affection du peuple qu'il grève, et qu'il ruine, en sorte que sa politique porte ses vues à tenir le peuple dans un état de pauvreté et à cacher les richesses et les productions précieuses du pays dans la crainte que d'autres puissances ne cherchent les moyens de s'en rendre maîtres. Je [179/*186*] pense que les plaines de ce pays sont les plus fertiles du monde, et que les mines de ses contrées sont peut-être aussi riches que celles du Pérou. Le thé y est commun tout le monde en boit, mais on ne sait pas le préparer comme en Chine. Il y a aussi beaucoup de coton, de soye et d'indigo.

On compte douze provinces au Tonquin [2] d'après

1. Tout ce paragraphe est reproduit presque textuellement dans le chapitre XII de S. C., traitant de la langue et des arts.

2. La première moitié de ce paragraphe forme le début du chapitre VIII de S. C. (p. 259) et la seconde moitié se trouve au chapitre XI (p. 280). Comparer MN. (I, p. 72) qui ne reconnaît que dix provinces, mais qui indique comme L. B. que la province du Xu-nam est la plus peuplée. A la p. 262, il reconnaît douze provinces.

la nouvelle répartition des Gouvernements, mais il y en a une qui est presque aussi peuplée que toutes les autres ensemble, au moins beaucoup plus que la moitié de toutes les autres. Elle s'appelle Xu-nam c'est elle qui donne au royaume le nom d'Anam, tout y est à bon compte [*187*] on y a des charges de fruits pour quelques liards, avec la valeur de dix piastres on peut aisément nourrir et payer un domestique un an, il ne coûte pas davantage par an pour la nourriture et l'habillement de nos écoliers tonquinois, c'est peu, mais encore faut-il quelque chose et nous n'avons rien ou presque plus rien.

Dans chaque province il y a un Gouverneur militaire, qui garde le Sceau et un mandarin lettré qui signe les affaires, le sceau sans le seing ou le seing sans le sceau l'affaire est seulement arrêtée, mais il faut l'union des deux, mais c'est le Mandarin lettré qui a toujours le plus d'influence et à qui l'on fait le plus de présens secrets [1].

[180/*188*] Les Tonquinois sont naturellement éloquens et beaux parleurs, la facilité de s'exprimer est presque le seul moyen de parvenir de se distinguer et d'éviter les nombreuses corvées, il faut d'ailleurs répondre par soi-même dans tous les procès qu'on peut avoir et les avocats ne peuvent que donner des conseils en secrets ; si on ne s'exprime pas aisément et poliment devant les mandarins, on a pour l'ordinaire des coups de rotin et on perd son procès, aussi dès la plus tendre jeunesse on s'exerce à parler

1. Comparer S. C., p. 259 ; MN. ,I, p. 262.

pour pouvoir par la suite discourir en public sans trembler [1].

L'air qu'exhalent les corps morts dans ce pays a des effets [*189*] très extraordinaires qui sont incroyables. Quelquefois il fait sécher sur le champ tous les arbres de bethel d'un jardin auprès duquel on a porté un cadavre, il fait subitement perdre la vue à des personnes qui sont affectées d'une certaine manière ; aussi le gouvernement a-t-il obligé de faire un article principal de haute police touchant les précautions à prendre à ce sujet [2].

C'est le poisson avec le riz qui est la base de la nourriture de la grande population du Tonquin, il ny a peut-être pas de peuple au monde qui connoissent mieux l'instinct et la nature des poissons [181/*190*] comme la manière d'en tirer parti pour la nourriture ; ils en font la capture de tant de manières différentes avec tant d'adresse soit dans la saison où le poisson est en fraie *(sic)*, soit dans les autres tems, qu'on pourrait écrire sur ce sujet un livre fort intéressant, si on voulait s'en donner la peine. Les pecheurs obligent certaine espèce de

1. Comparer S. C., p. 287 ; MN., II, p. 132, avec des développements ajoutés.

2. Comparer MN., I, p. 35. « Il est possible, ajoute-t-il, et même vraisemblable que, dans ces relations, il y ait de l'exagération ; mais, du moins, il paraît certain que l'influence des exhalaisons qui peut être observée en tous les pays, est dans celui-ci plus active et plus grave. Cette influence se manifeste sensiblement sur les métaux, et on est obligé d'aiguiser les instruments de fer et d'acier, presque à chaque fois qu'on en fait usage. »

poissons à entrer dans leurs filets en faisant des sauts périlleux quelque fois le jour d'autre fois la nuit ou dans les endroits où ils se trouvent à sec et où on les prend sans les poursuivre ; il y en a d'autres qui en faisant dans leurs barques un vacarme horrible effrayent les poissons qui [*191*] sautent par dessus, d'autres vont à la nuit tombante le long des petites rivières avec une longue barque à laquelle est attachée une planche couverte de chaux qu'ils placent entre deux eaux, les poissons qui à marée haute vont manger l'herbe et ce qu'ils rencontrent sur le rivage voyant cette planche qui leur fait peur sautent par dessus, pour lors un haut filet tendu de l'autre côté de cette planche les reçoit et les renvoie dans la barque qui est bientôt pleine [1].

L'habit de cérémonie des Tonquinois est fort grave et très majestueux, il ressemble beaucoup à l'habit de chœur des Bénédictins. [182/*192*] Ce costume joint à un grand bonnet fort haut leur sied très bien ; quand ils sont assemblés pour un acte du Culte public ou pour recevoir quelques grands personnages on les prendrait pour l'ancien Sénat de

1. Pour ce paragraphe et le précédent, comparer S. C., p. 283, 284. Voir aussi MN. (I, p. 149), principalement pour les manières de pêcher ; il en indique certaines que L. B. a négligé de signaler, par exemple, la pêche sur des échasses, les pêcheurs prennent alors le poisson à la main ; par malheur, « cette pêche est dangereuse, parce que si les inégalités du fond de l'eau font tomber le pêcheur, les échasses l'empêchant de se relever, il se noie ». Il fait aussi connaître (p. 151) que « la morue et la sardine sont les deux poissons dont la pêche est la plus abondante et la consommation la plus grande ».

Rome ; retournés chez eux ils quittent leur long habit noir avec leur bonnet et se trouvent presque nuds pour vaquer plus commodément à leur travail ; ils se ceignent les reins d'un cordon auquel ils attachent un morceau de toile pour couvrir précisément ce que la pudeur ne permet pas de laisser à decouvert.

Les Tonquinois sont au sujet de la nourriture exempts [*193*] des préjugés qu'ailleurs on contracte dès l'enfance, ils mangent de tout ce qui est reconnu être sain et agréable au goût sans rien donner à une propreté d'imagination comme en Europe, ils trouvent bonne et salutaire la chair de Chien, de Chat, de rat des montagnes, de Cheval, de singe, d'Eléphant et de tigre [1] ; c'est surtout celle de chien qu'ils trouvent la plus délicieuse et qui se vend la plus chère, la première fois qu'un Européen en mange il faut qu'il se fasse violence et on se sent le cœur soulevé par l'effet de l'imagination, mais quand une fois on y est accoutumé cela ne fait plus la moindre peine ; un autre mets des plus excellents et des plus chers, qui est aussi du goût des [183/*194*] Européens quant ils ont pu vaincre leur répugnance,

1. Comparer S. C. (p. 284) et MN. (I, p. 224 suiv.) ; celui-ci ajoute à la liste : le rhinocéros, « des sauterelles qui se cachent dans la terre et qu'on en retire en la bêchant », des serpents, « même le cuir du bœuf et du buffle en le faisant bouillir » et explique que tout cela est agréable parce que « la douceur de la température ou quelque autre influence empêchent que la chair de certains animaux ou la peau de quelques autres aient dans ce pays la dureté ou le mauvais goût qu'elles ont dans d'autres pays ».

c'est la lymphe de vers à soye, qui se trouve dans le cocon qu'on a dévidé et qui a l'air d'une longue fève. Les Tonquinois mangent aussi l'enveloppe des petits qui sortent du ventre des animaux après l'avoir bien nettoyée et lavée celle du buffle est plus estimé que celle du veau ; on use même de la délivrance de la femme en forme de remède à l'égard de ceux qui sont attaqués de maladie de poitrine *(a)*. Enfin on mange au Tonquin de plusieurs espèces de vers qui sortent [*195*] de terre en grande quantité, une fois dans l'année à certains jours de la huitième lune lorsque le reflux de la mer est plus considérable.

(a) Ce remède est aussi fort usité dans toute la Chine, en poudre et séchée au Soleil (R.).

[184/*196*]

MANIFESTE DE QUANG-TRUNG

Roy de la HAUTE-COCHINCHINE et du TONQUIN à tous les MANDARINS, SOLDATS et PEUPLE DES PROVINCES DE QUANG-GAI et de QUIN-HONE *(a)*

(Tiré des *Nouvelles des Missions Étrangères de 1802* [1], traduction faite par M. de LA BISSACHÈRE)

Vous tous grands et petits depuis plus de vingt ans ne cessez de subsister par nos bienfaits, Nous frères Tay-sons, il est vrai que pendant tout ce terme, si nous avons remporté des victoires dans le Nord et dans le Sud, nous reconnoissons que nous

(a) J'ai mis ce manifeste pour faire connaître le style tonquinois, Quang-trung est mort 10 *ans avant la conquête du roy actuel.* Cette note doit être de La Bissachère plutôt que de Sainte-Croix, remarquer en effet que le missionnaire se donne comme l'auteur de la traduction. — Le troisième des Tây-sôn, désigné ici sous son nom de période *Quang-trung*, mourut le 13 novembre 1792 et la période *Gia-long* fut ouverte le 1er juin 1802.

1. Ce manifeste a paru, pour la première fois croyons-nous, dans les *Nouvelles des Missions Orientales,* reçues à Londres

les devons à l'attachement de ces deux provinces, c'est là où nous avons trouvé des hommes courageux et des Mandarins capables pour former notre Cour. Partout où nous avons porté nos armes nos Ennemis ont [*197*] été défaits et dispersés, partout où nous avons étendu nos conquêtes les Siamois et les cruels Chinois ont été obligés de subir le joug......... Quant au reste impur de l'ancienne cour, depuis plus de trente ans, nous n'avons jamais vu qu'ils ayent fait du bien. Dans cent combats que Nous leur avons livrés leurs soldats ont été dispersés et leurs généraux mis à mort ; la province de Gia-ding a été remplie de leurs ossements. Vous avez été témoins de ce que nous disons et si vous ne l'avez pas vu de vos propres yeux, au moins l'avez-vous entendu de vos oreilles. Quel cas faire de ce misérable Chua *(a)* (le roy aujourd'hui régnant qui s'est enfui dans les malheureux Royaumes [*198*] d'Europe [1]). Quant au

(a) On a vu qu'il n'avait osé prendre que ce titre (R.). C'est une erreur, voir ci-dessus, p. 126. — M. N. au lieu de *chua* écrit Chung, le nom personnel du prince.

par les Directeurs du Séminaire des Missions Etrangères en 1793, 1794, 1795, 1796, p. 142 ; le nom du traducteur n'y est pas indiqué. MN. reproduit le texte, II, p. 306, mais l'orthographe des noms de lieux, inexacte dans L. B., est correcte chez lui — aux signes diacritiques près — ; il écrit Quang-Ngai, Qui-Nhon, Gia-Dinh, Binh-Khang, Nha-Trang et Binh-Thuan.

1. C'est aussi une erreur, résultant d'une confusion entre Gia-long et son fils. Nous avons vu (ci-dessus, p. 4, n. 1) que Renouard la commettait ; il serait étrange que La Bissachère l'eût faite aussi. La parenthèse serait-elle de Renouard ? MN. indique seulement : « roi actuellement régnant ».

peuple timide de Gia-ding qui ose aujourd'hui se mettre en mouvement et lever une armée, pourquoi les craignez-vous tant ? Pourquoi votre cœur est-il saisi d'effroi ? si leur armée de terre et de mer s'est présentée dans tous vos ports et s'en est emparé dans un tems où vous ne vous y attendiez pas, le grand Empereur[1] nous en a déjà fait connoître les raisons par lettres, et nous avons vu que les mandarins, les soldats et vous tous dans ces deux provinces, n'avez pas eu le courage de combattre, et que c'est par cette raison plutôt que par leurs talens qu'ils se sont emparés de tous les endroits qui sont aujourd'hui en leur possession. Votre armée de terre s'est enfuie de son côté et celle de mer s'est enfuie du sien. [*199*] Maintenant par ordre de notre frère l'Empereur nous préparons nous-mêmes une armée formidable par terre et par mer, et nous allons réduire les ennemis de notre nom avec la même facilité, *que nous froisserions un morceau de bois pourri ou de bois sec.* Quant à vous tous ne faites aucun cas de ces ennemis, ne les craignez point mais seulement ouvrez les yeux et les oreilles pour voir et entendre ce que nous allons faire ; vous verrez que les provinces de Bing-cang et de Gna-trang, qui ne sont que des débris du cadavre de Gia-ding que la province de Phu-yen qui a toujours été le centre de la guerre, et qu'enfin depuis la province de Bing-thuan jusqu'au Camboge toutes d'un seul coup vont rentrer sous notre puissance afin que tout le monde

1. C'est de l'aîné des Tây-son, Nguyên Van-Nhac qu'il s'agit.

[185/*200*] sache que nous sommes véritablement frères et que nous n'avons jamais pu oublier que nous sommes du même sang.

Nous vous exhortons tous grands et petits de soutenir la famille de l'Empereur et de lui rester fidèlement attachés en attendant que notre armée purifie la province de Gia-ding et y rétablisse notre autorité, les noms de vos deux provinces seront immortels dans nos annales ; ne soyez pas assez crédules pour ajouter foi à ce que l'on dit des Européens, quelle habileté peut avoir cette espèce d'hommes, ils ont tous des yeux de serpens verds et vous ne devez les regarder que comme des cadavres flottans qui nous sont jettés ici par les mers du Nord ; qu'y a-t-il d'extraordinaire, pour venir nous parler de vaisseaux de [*201*] cuivre et de ballons *(a)*.

Tous les villages qui se trouvent sur les chemins dans vos deux provinces auront soin de faire partout des ponts afin de faciliter le passage de nos troupes ; aussitôt que cet ordre vous parviendra, vous aurez soin de vous y conformer.

Recevez avec respect ce Manifeste, car tel est notre bon plaisir, le 10e jour de la 7e lune de la 5e année du règne de Quang-trung [1].

(a) M. Boisserand a fait et lancé un ballon qui a beaucoup étonné les Cochinchinois.

1. 27 août 1792.

RENSEIGNEMENTS SUR LE TONQUIN

Il n'y a qu'une ville au Tonquin [186/*202*] elle est assez grande et murée, dans tout le reste du royaume il n'y a que des villages quelques-uns ont mille habitans.

Le Tonquin a 11 provinces assez grandes et bien peuplées, surtout celles qui sont voisines de la mer ; les provinces qu'on appelle *xû*, se divisent en *phû* qui sont comme autant de départemens quelques-unes en ont neuf ou dix ; les *phû* se divisent en *huyen* qui sont comme autant de Baillages, un *phû* a environ sept *huyen* ; les *huyen* se divisent en *tong* et chacun a cinq ou six ; les *tong* se divisent en *xâ* qui sont comme autant de paroisses et chaque *tong* en a environ cinq ou six ; enfin les *xâ* se divisent en *xôm* ou villages [1].

Chaque province ou *xû* est gouvernée par un

1. Comparer MN. (I, p. 262) : c'est la Cochinchine qui a onze provinces. « Chacune d'elles forme un gouvernement, subdivisé en arrondissemens ; les arrondissemens en bailliages, les bailliages en communes... dans chaque bailliage, il y a deux mandarins, un militaire et un lettré... le mandarin militaire a le sceau, le lettré la signature ; leur concours est nécessaire pour la décision des affaires... » C'est ce que dit L. B. (p. 187) à propos de la province que MN. attribue au bailliage.

grand Mandarin nommé *quanlon*, chaque département ou *phû* a un mandarin de second ordre appelé *ong-phu* ; il y a dans chaque *huyen* ou baillage deux mandarins, l'un pour le civil et l'autre pour le militaire ; le *tong* est un homme choisi par le peuple qui n'a pas le titre de mandarin ; on l'appelle seulement d'un nom distingué qui signifie apeuprès monsieur, sa principale fonction est de présider au Culte de Confucius ; dans chaque *xâ* ou paroisse, il y a deux ou trois hommes pour percevoir les impôts et maintenir le bon ordre ; quant il y a quelques procès à décider ou quelques autres affaires semblables, les anciens s'assemblent à cet effet, on peut en appeler aux tribunaux Supérieurs, chaque *xom* ou village a un homme chargé de porter les affaires à la paroisse.

(Tiré des *Nouvelles des Missions Orientales.*)

TABLE

DES MATIÈRES CONTENUES DANS L'OUVRAGE

De Mr de la BISSACHERE.

TABLE DES MATIÈRES

ABBEVILLE. — IMPRIMERIE F. PAILLART

www.ingramcontent.com/pod-product-compliance
Ingram Content Group UK Ltd.
Pitfield, Milton Keynes, MK11 3LW, UK
UKHW020144220726
13923UKWH00001B/371